轮滑运动
从入门到精通
（全彩图解版）

李波 主编

人民邮电出版社
北京

图书在版编目（CIP）数据

轮滑运动从入门到精通：全彩图解版 / 李波主编
. -- 北京 : 人民邮电出版社，2022.4
ISBN 978-7-115-57080-2

Ⅰ. ①轮… Ⅱ. ①李… Ⅲ. ①滑轮滑冰－图解 Ⅳ.
①G862.8-64

中国版本图书馆CIP数据核字(2021)第158524号

内 容 提 要

　　本书由拥有 20 余年执教经验的清华大学李波老师，联合多位专业人士倾力打造。本书首先介绍了基础轮滑的主要内容，包括轮滑运动的起源及发展、运动装备、"安全地摔"、常见损伤处理等知识，循序渐进地讲解了蹬滑动作陆地模仿及原地脚感练习，然后以图文结合的方式讲解了向前滑行、向后滑行及基础刹停的技术和练习方法，并在此基础上，介绍了进阶的花式绕桩、花样轮滑以及速度轮滑的相关知识和技术，以帮助读者在正确掌握技术的基础上逐步进阶。

　◆ 主　　编　李　波
　　　责任编辑　林振英
　　　责任印制　马振武

　◆ 人民邮电出版社出版发行　　北京市丰台区成寿寺路 11 号
　　　邮编　100164　　电子邮件　315@ptpress.com.cn
　　　网址　https://www.ptpress.com.cn
　　　北京七彩京通数码快印有限公司印刷

　◆ 开本：700×1000　1/16
　　　印张：10.75　　　　　　　　　2022 年 4 月第 1 版
　　　字数：161 千字　　　　　　　2025 年 8 月北京第 10 次印刷

定价：68.00 元

读者服务热线：(010)81055296　印装质量热线：(010)81055316
反盗版热线：(010)81055315

编委会

主　编　李　波　清华大学副教授、单排轮滑球高级教练员

副主编　肖雨红　前国家花样滑冰队队员、轮滑国际级裁判

　　　　　熊　铮　速度滑冰国家级运动健将、北京体育大学冰上运动教研
　　　　　　　　　室讲师

　　　　　席　杰　轮滑国家级教练员、北京市自由式轮滑裁判长

　　　　　刘倚池　全国速度滑冰锦标赛冠军、速度轮滑高级教练员

　　　　　陈晓雪　前国家花样滑冰队队员

　　　　　侯彦伟　陆地冰球国家级教练员

目录
CONTENTS

第一篇　基础轮滑

第1章　轮滑基础知识 …………………………………………………… 3

1.1 轮滑运动的起源、发展及分类 ……………………………………… 4
轮滑的起源与发展 ……………………………………………………… 4
轮滑的项目分类 ………………………………………………………… 4

1.2 轮滑运动的装备介绍 ………………………………………………… 6
轮滑鞋 …………………………………………………………………… 7
轮滑护具 ………………………………………………………………… 9
轮滑包 …………………………………………………………………… 12
T 字扳手 ………………………………………………………………… 13

1.3 "安全地摔" —— 轮滑运动安全常识及自我保护 ……………… 14
安全地摔 ………………………………………………………………… 14

1.4 轮滑运动常见损伤处理 ……………………………………………… 17
常见运动损伤 …………………………………………………………… 17
急性运动损伤处理原则 ………………………………………………… 17
常见伤害情况处理 ……………………………………………………… 19

第2章　蹬滑动作陆地模仿及原地脚感练习 …………………… 21
向前蹬滑陆地模仿练习 ………………………………………………… 22
轮滑里的"刃"（内刃、外刃、平刃） ………………………………… 23
向前蹬滑动作原地练习 ………………………………………………… 24

第 3 章　基础滑行技术 ·· 31

3.1 向前滑行（外八字走 / 滑 + 前葫芦滑）··················· 32

外八字走 / 滑 ·· 32

前葫芦滑 ·· 33

3.2 向前滑行（单蹬双滑 + 单蹬单滑）······················· 36

原地开合蹬收脚练习 ·· 36

行进间开合蹬收脚练习 ·· 37

单脚支撑能力练习一 ·· 38

单脚支撑能力练习二 ·· 40

3.3 向前滑行（并步转弯 + 压步转弯）······················· 43

并步绕圆 ·· 43

压步绕圆 ·· 46

3.4 向后滑行（内八字走 / 滑 + 后葫芦滑）··················· 49

内八字走 / 滑 ·· 49

后葫芦滑 ·· 51

3.5 向后滑行（单蹬双滑 + 单蹬单滑）······················· 53

后单蹬双滑 ·· 53

后单蹬单滑 ·· 55

3.6 向后滑行（并步转弯 + 压步转弯）······················· 57

后并步转弯 ·· 57

压步绕圆 ·· 59

3.7 向后滑行（一字步前转后、后转前衔接步）··············· 62

一字步前转后 ·· 62

一字步后转前 ·· 65

3.8 基础刹停法 ·· 67

墙刹（借助固定物体）·· 67

直排后刹 ·· 68

低速 V 字刹停 ·· 68

内八字刹停 ·· 68

护具刹停 ·· 69

丁字刹停 ·· 70

前侧刹停 ·· 71

后侧刹停 ·· 71

双重侧刹停 ·· 72

前滑开脚内外刃丁字转刹停 ····················· 72

后滑开脚内外刃丁字转刹停 ····················· 73

前滑转弯 V 字内刃刹停 ··························· 73

后滑转弯 V 字内刃刹停 ··························· 73

前转弯刹停 ·· 74

后点规刹停 ·· 74

第二篇　花式绕桩

第 4 章　花式绕桩基础 ··············· 77

4.1 花式绕桩概述 ··· 78

4.2 花式绕桩的分类及脚部基础能力练习 ················ 78

花式绕桩标准赛的动作分类与技术要求 ········· 78

花式绕桩的基础动作 ······································ 78

花式绕桩有 6 项主要基本要素 ······················ 80

第 5 章　花式绕桩基础技术 ········· 81

5.1 原地画圆及攀藤 ···························· 82

原地画圆 ··· 82

攀藤 ··· 83

5.2 Snake（正蛇）与 Backward Snake（倒蛇）········ 85

Snake（正蛇）··· 85

Backward Snake（倒蛇）····································· 86

5.3 X ····························· 87

外八字和内八字的原地控轮 ·························· 87

X 形过桩动作 ·· 88

5.4 Crazy ····························· 90

5.5 Nelson（正尼）和 Backward Nelson（倒尼）······ 91

Nelson（正尼）··· 91

Backward Nelson（倒尼）····································· 92

5.6 Double Crazy 和 Stroll ···································· 94

　　Double Crazy ·· 94

　　Stroll ·· 95

5.7 One Foot ··· 96

5.8 动作的连接 ··· 97

第三篇　花样轮滑

第 6 章　花样轮滑基础 ··· **101**

6.1 花样轮滑概述 ·· 102

　　花样轮滑的历史 ·· 102

　　花样轮滑比赛介绍 ··· 103

6.2 花样轮滑的基本术语 ·· 104

　　花样轮滑鞋：单排轮、双排轮 ······························· 104

　　滑行方向的概念：前、后 ······································ 105

　　滑足与浮足：滑足、浮足 ······································ 105

第 7 章　花样轮滑基础技术 ···································· **107**

7.1 双足滑行 ·· 108

　　站立 ··· 108

　　踏步行走 ·· 109

　　双脚滑行 ·· 109

　　葫芦式滑行 ·· 110

　　蛇形式滑行 ·· 110

7.2 单脚支撑、向后双足滑行 ····································· 111

　　摔倒、起立 ·· 111

　　单脚支撑滑行 ·· 113

　　向后踏步 ·· 113

　　向后葫芦式滑行 ·· 114

　　向后蛇形式滑行 ·· 114

7.3 蹬地滑行、燕式平衡 ·· 115

　　向前蹬地滑行 ·· 115

　　向后蹬地滑行 ···································· 116

　　燕式平衡 ··· 117

7.4 压步滑行 ·································· 118

　　双足转弯滑行 ···································· 118

　　前压步滑行 ······································ 119

　　后压步滑行 ······································ 120

　　8 字形压步 ······································ 121

7.5 莫霍克舞步 ································ 124

　　右前内接左后内 ·································· 124

　　左前内接右后内 ·································· 125

　　左前外接右后外 ·································· 125

　　右前外接左后外 ·································· 126

　　左后内接右前内 ·································· 126

　　右后内接左前内 ·································· 127

　　右后外接左前外 ·································· 127

　　左后外接右前外 ·································· 127

7.6 3 字转 ····································· 128

　　前外刃 3 字转 ··································· 128

　　前内刃 3 字转 ··································· 130

第四篇　速度轮滑

第 8 章　速度轮滑基础 ···················· 133

8.1 速度轮滑概述 ······················· 134

　　比赛形式 ·· 134

　　场地 ·· 134

　　器材 ·· 134

　　速度轮滑训练 ···································· 135

8.2 速度轮滑基础训练 ··················· 135

　　静蹲姿势 ·· 135

　　侧蹬收腿 ·· 136

　　单脚支撑 ·· 138

行进间下蹲走 ··· 138

第9章　速度轮滑基础技术 ··············· **141**

9.1 速度轮滑直线技术（陆地） ················· 142
侧蹬后引收腿 ··· 142
单支撑蹬起 ··· 143
移动重心 ·· 144
滑行 ·· 146

9.2 速度轮滑直线技术（轮上） ················· 146
单推双滑（移动重心） ···································· 147
分并腿 ·· 148
行进间侧蹬后引收腿 ······································ 150

9.3 速度轮滑弯道技术之陆训 ··················· 151
弯道向左交叉压步 ··· 151
弯道单腿蹬起 ··· 152
弯道布带牵引 ··· 154

9.4 速度轮滑弯道技术之滑行 ··················· 155
右腿侧蹬练习 ··· 155
右腿连续侧蹬三次，左腿向右蹬地 ······················ 156
弯道交叉压步 ··· 157

9.5 速度轮滑起跑技术 ························· 158
传统式起跑 ··· 158
侧跨式起跑 ··· 159

PART

1

第一篇

基础轮滑

第 1 章
轮滑基础知识

1.1 轮滑运动的起源、发展及分类

轮滑的起源与发展

应该说轮滑是从溜冰发展而来的，大约在 1100 年出现有关溜冰鞋的记载。当时的猎人们为了在冬季也能打猎，他们将兽骨装在长皮靴脚掌上滑动，由此形成了溜冰鞋的雏形。

1700 年，荷兰人为了在夏季也能体验冬季溜冰的感觉，于是把铆上钉子的线轴长条木绑在鞋子上，随后在光滑的地面上模拟溜冰滑行，这就是最初轮滑鞋的雏形。

1760 年，第一款直排轮滑鞋出现。它是由一位名叫约瑟夫·梅林的英国人造出的一双有轮子的金属长靴。

1863 年，美国人詹姆士发明了真正意义上的第一双双排溜冰鞋。这种溜冰鞋轮子分前后两组，由两个轴穿起两个轮子，前后四个轮子上的轴承使轮子很稳定地转动，可以使人非常自如地做前进、后退和转弯等各种动作。这就是近代曾广为流行的双排溜冰鞋，后来成了花样轮滑、双排轮滑球、极限轮滑的运动器材，而且是花样轮滑（双排组别）、轮舞（果酱轮舞）项目的专属运动器材。

轮滑的项目分类

★ **花样轮滑**

花样轮滑是花样滑冰的伴生项目，和花样滑冰一样，花样轮滑除了要求运动员掌握滑行（控轮）技术外，还对运动员的艺术表现力有极高的要求。应该说，花样轮滑是观赏技巧型轮滑项目的始祖。花样轮滑运动比赛项目包括男、女单人滑，男、女双人滑，舞蹈三项。

★ **速度轮滑**

速度轮滑以单排轮滑鞋为比赛工具，是技术和体能完美结合的轮滑竞速项目。它要求运动员既要有完美的滑跑技术，又要具备强大的体能。

速度轮滑赛一般分为场地跑道比赛和公路比赛两种。项目一般有：200 米和300 米个人计时赛，500 米计时赛，1000 米计时赛，10000 米、15000 米、20000 米积分淘汰赛，3000 米接力赛，以及马拉松赛。

★ **自由式轮滑**

自由式轮滑是指没有固定形式的轮滑展示，后来逐渐演变为以"Slalom"为代表的平地花式形式，简称"平花"。轮滑者通过穿行桩杯等标志物来展现轮滑的滑行、转向、刹停及跳跃等技术，动作自由、灵活多样。平地花式可与音乐、舞蹈相结合，具很强的观赏性和娱乐性。平地花式和花式刹停都是自由式轮滑的子项目。平地花式包括花式绕桩和速度过桩。

★ **轮滑速降**

轮滑速降是一种类似速滑的轮滑形式。速降者一般选择在比较陡峭的公路或山路上进行，依靠路面的倾斜给予动力。在佩戴好全套护具之后，速降者身体呈自由落体般滑降，感受风驰电掣之感，十分刺激。

★ **轮滑球**

轮滑球被称为轮滑运动项目中的最高境界，其比赛分为双排和单排轮滑球比赛两种形式。双排轮滑球比赛使用的是圆球，而单排轮滑球比赛使用的是球饼，比赛时双方各上场 4 名队员和 1 名守门员，在 50 米 ×25 米的场地内进行对抗角逐。

双排轮滑球运动起源于 1896 年的英格兰。1992 年，双排轮滑球登上巴塞罗那奥运会的赛场，成为轮滑运动项目中第一个进入奥运会的项目。

单排轮滑球项目与冰球项目有很高的相似度。随着 1979 年美国冰球运动员发明了第一双单排轮滑鞋，并开始在夏季用单排轮滑球来替代冰球训练后，单排轮滑球运动逐渐在全世界普及开来。发展到今天，单排轮滑球运动已成为一项被国际体育单项联合会正式认可的比赛项目。

★ **轮舞**

轮舞分为控轮舞（JB Skating）和果酱轮舞（Jam Skating），是由双排轮滑结合地板舞、锁舞等舞种而形成的一种新兴的潮流街头文化。

★ **极限轮滑**

极限轮滑，亦称特技轮滑。练习者可根据自己的需求选择双排或单排极限轮滑鞋。极限轮滑深受年轻人的喜爱，其场地主要分为野街街区和专业场地。专业场地又分为半管赛和道具赛。

★ **休闲轮滑**

休闲轮滑是一种练习者穿着轮滑鞋滑行于室外，感受轮滑带给人轻松、愉快和自在等体验的轮滑运动形式，以健身休闲为目的，舒畅心情，放松自我。

1.2 轮滑运动的装备介绍

轮滑爱好者平时进行轮滑运动都需要什么样的装备呢？简单来说，一双合适的轮滑鞋是必不可少的；为了保障轮滑爱好者在运动时的安全，老师在课上会要求大家佩戴好护具；为了平时练习的时候方便整理和携带这些装备，大家还需要有方便、实用的整理背包。下面就一一为大家介绍这些装备（见图1.1）。

图 1.1

轮滑鞋

轮滑鞋基本都可分解为轮子和轴承、刀架或轴架、上鞋三大部分。根据轮子的排列方式，轮滑鞋又分为双排轮滑鞋和单排轮滑鞋两种基本形式（见图 1.2）。

图 1.2

双排轮滑鞋是花样轮滑、轮滑球（双排轮滑球）、轮舞（果酱轮舞）、极限轮滑等项目的装备。鞋轮子分前后两组，由两个轴穿起两个轮子，轴承使轮子很稳定地转动，可以使人非常自如地做前进、后退和转弯等各种动作。

单排轮滑鞋是速度轮滑、自由式轮滑、轮滑球（单排轮滑球）、极限轮滑、轮滑速降和休闲轮滑等项目的装备。单排轮滑鞋的四个轮子在一排。

★ 花样轮滑鞋

大家应该比较熟悉花样轮滑鞋，旱冰场里大家常见的双排轮滑鞋就是花样轮滑鞋。其底架呈工字形，有四个轮子，并且花样轮滑鞋的刹车装置在前面。

★ 速滑轮滑鞋

速滑轮滑鞋通常是低帮鞋（见图 1.3），上鞋半软，有比较长的刀架、比较大的轮子、好的轴承。速滑轮滑鞋一般是 4 或 5 轮的排布，追求轻巧和快速，其稳定性是所有轮滑鞋中相对较好的，但灵活性不足。高等级花式刹车用速滑轮滑鞋很难做到。

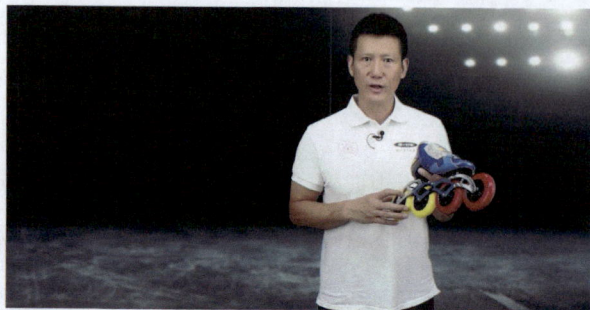

图 1.3

★ **平花轮滑鞋**

一双好的平花轮滑鞋应有较短的刀架，适合做平花的 Banana 轮序布局，上鞋外壳较硬，鞋帮高而紧。平花轮滑鞋（见图 1.4）没有刹车装置。

图 1.4

★ **极限轮滑鞋**

最初极限轮滑鞋都是双排极限轮滑鞋，后来发展出了单排极限轮滑鞋。极限轮滑主要分为专业场地极限轮滑和街式极限轮滑。

双排极限轮滑鞋有很好的稳定性，轮架中间固定有滑块，轮子较小，有些款式带有制动器，有些则没有，稳定性比单排极限轮滑鞋好。

单排极限轮滑鞋的上鞋坚固，因刀架较低，鞋子整体重心较低，鞋身厚且包脚，轮子小而硬，刀架上设有卡槽，鞋身侧面比较宽，方便滑行时卡道具。

★ **休闲轮滑鞋**

单排休闲轮滑鞋一般是高帮，轮子大小一致，鞋跟一般带有刹车装置，鞋壳虽强调舒适，但也不能太软，否则有可能造成脚踝扭伤。常见休闲轮滑鞋（见图1.5）的刀架和鞋为一体，轮子由聚酯材料制成，能保证足够的弹性、耐磨性和抓地效果，轮子的好坏会直接影响轮滑运动的效果和安全性。

图 1.5

轮滑护具

练习者在初学轮滑运动时经常容易摔倒，导致擦伤或者挫伤；有时候练习者要做出高难度动作，身体也很容易扭伤或者拉伤。因此，老师会要求练习者在练习时佩戴护具，保证安全。

★ **轮滑头盔**

轮滑头盔（见图1.6）材质通常较为厚实，有很好的抗摔性。轮滑运动属于极限运动，练习者在练习时难免发生磕碰，头盔用于保护练习者在轮滑运动中不小心摔倒时头部不受到伤害。

图 1.6

★ 护膝

护膝（见图 1.7）外部是硬壳，内部是软垫，用来在轮滑运动中保护双腿膝关节。护膝与护肘的弯曲弧度是有区别的，护膝弯曲弧度稍大于护肘，护膝带子也比护肘长。在轮滑运动中，膝盖是非常容易受伤的部位，初学者在练习时要戴好护膝。

图 1.7

★ 护腕护掌手套

在轮滑运动中，护腕护掌手套（见图 1.8）既能保护手腕又能保护手掌，作用很大。如果不戴手部护具，初学者常会因为摔倒或者是支撑动作不当而造成手腕扭伤或手掌擦伤。不论是成人还是儿童，练习轮滑之前的首要任务就是认识护腕护掌手套的重要性，避免手掌和手腕受到不必要的伤害。

图 1.8

★ 护肘

护肘（见图 1.9）外部是硬壳，内部是软垫，用来在轮滑运动中保护双臂肘关节，可避免练习者在轮滑过程中因为平衡技巧掌握不好而经常摔倒导致肘关节受伤。

图 1.9

轮滑小知识

轮滑护具及装备的穿戴。

顺序：护膝—护肘—鞋—护腕护掌手套—轮滑头盔。

注意：护膝、护肘的上下位置，护腕护掌手套的前后位置。

轮滑包

轮滑背包、腰包是轮滑练习者的必需品。专用的轮滑背包和腰包可以使轮滑练习者方便地背着自己的爱鞋去任何地方，畅享轮滑的快乐。

★ 轮滑背包

大多数的轮滑背包都是用分散在背包两侧的绑带固定鞋，用背包中部的绑带固定轮滑鞋的刀架，用背包的上盖来固定轮滑鞋的整体。背包的形状一般都是按照轮滑鞋的形状设计的，练习者应该按照自己的轮滑鞋选择合适的轮滑背包（见图 1.10）。

图 1.10

★ 轮滑腰包

轮滑腰包（见图 1.11）比轮滑背包轻便小巧，非常便于携带，而且可以装入其他物品。如果轮滑场地就在附近，使用轮滑腰包会更加轻便，只要用旁边的带子和挂扣固定住轮滑鞋即可。

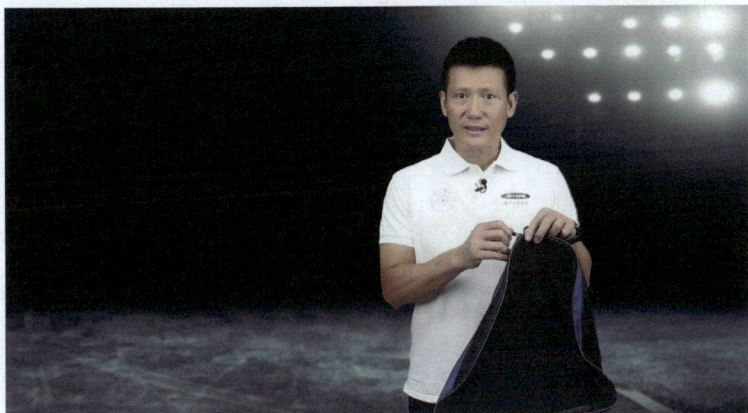

图 1.11

T字扳手

T字扳手是单排轮滑鞋常用的安装与拆卸工具。手柄与扳手呈T字状（见图1.12），方便旋转T字扳手，用于安装与拆卸轮滑鞋的轮子。

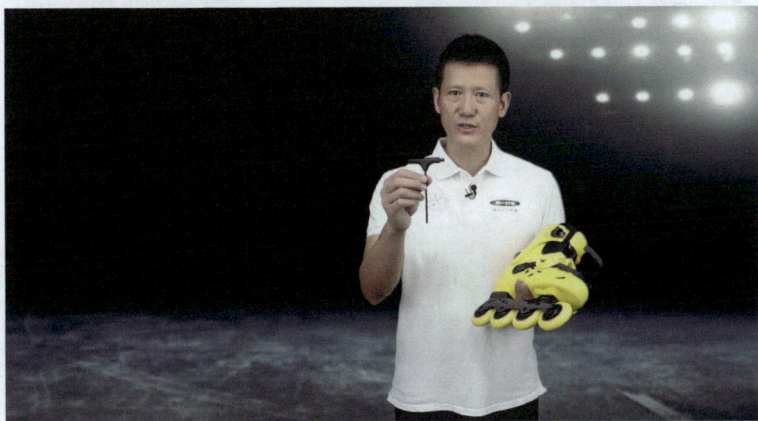

图 1.12

拆卸轮滑鞋的轮子时，将T字扳手插入轮子中间的轴承的孔中，然后用手逆时针旋转T字扳手的手柄，将轮子拧松。同样，安装轮子时也是将扳手插入轮子中间的轴承的孔中，只不过要顺时针拧紧螺丝。实践中，经常会碰到手拧不动螺丝的情况，此时可用脚踩住扳手，在地上固定好轮滑鞋，利用体重拧动螺丝。

1.3 "安全地摔" —— 轮滑运动安全常识及自我保护

　　轮滑运动具有动态平衡特点，它的滚动滑行运动方式和我们平时习惯的走动方式有很大不同，摔跤的情况不可避免。学会"安全地摔"，掌握轮滑运动的安全常识及自我保护方法，可以使轮滑运动更安全、更轻松。

安全地摔

★ 原地安全站立姿态

　　双脚外八字站立，屈膝屈髋，手扶大腿（见图1.13）。

双脚外八字站立，屈膝屈髋，手扶大腿

图 1.13

★ 碰到危险记住养成两个习惯

　　习惯一：迅速降低重心；习惯二：提前减速。鉴于初学者轮滑滑行能力有限，关于减速的方法将放在后续章节介绍，但是一定要有减速的意识。

★ 向前摔

　　方法一：降低重心，先双手撑地，然后双膝跪地（见图1.14）；反复练习6次。

图 1.14

方法二：降低重心，双手双膝同时着地（见图 1.15）；反复练习 6 次。

图 1.15

方法三：正常重心，双膝跪地，双手撑地（见图 1.16）；反复练习 6 次。

图 1.16

★ 侧摔

降低重心，向身体一侧远端伸手撑地并滑出（注意掌跟着地，手指翘起），肘关节、腿侧、臀侧配合着地（见图 1.17）；反复练习 6 次。

15

降低重心，向身体一侧远端伸手撑地并滑出

图 1.17

★ 向后摔

降低重心，单手后撑，臀部坐地；如果冲击力太大，臀部坐地后就顺势后躺，背部着地，收下颌，双手抱胸，屈腿收腹举腿（见图 1.18）；反复练习 6 次。

降低重心，单手后撑，臀部坐地

收下颌，双手抱胸，屈腿收腹举腿

图 1.18

★ 复原

坐姿，翻身跪起（见图 1.19），回到安全站姿。

图 1.19

其他安全常识

• 运动前一定要热身。

• 正确佩戴轮滑头盔、护膝、护腕护掌手套等。

• 检查轮滑鞋是否完好无损。

• 在室外时，要留意周围的环境，建议不要在人多的地方进行此项运动。

• 对于轮滑初学者，建议到专业的轮滑场练习，不要轻易尝试刷街，以免发生危险。

• 如果是儿童学习轮滑，一定要有指导员在身边。

1.4 轮滑运动常见损伤处理

在练习轮滑过程中，受伤有时候是不可避免的。初学者在充分享受轮滑乐趣之前，有必要熟知轮滑运动常见损伤的处理原则与方法。

常见运动损伤

在轮滑运动中常见的损伤有骨折、关节脱位、挫伤、擦伤、扭伤、拉伤等，严重的甚至会出现休克、呼吸停止、心搏骤停等极端情况（这部分内容非常专业且重要，建议大家通过相关专业图书进行学习）。

急性运动损伤处理原则

一般有五个步骤，我们可以将这五个步骤简称为"PRICE"原则，具体包括：保护（Protection）、休息（Rest）、冰敷（Ice）、压迫（Compression）、抬高（Elevation）。

· P=Protection（保护）：伤害发生时，应对处理的第一个原则就是要保护受伤的部位，将该部位固定，以免加重其受伤程度。

· R=Rest（休息）：受伤后，要尽量立刻停止受伤部位的活动，必要时可使用拐杖等物品做适当的支撑。没有经过医生的检查与允许，不应该再进行激烈的活动，避免再次刺激而使伤情恶化，同时休息也能加快受伤部位的复原进程。

· I=Ice（冰敷）：受伤部位的肿胀程度会影响复原所需的时间，及时冰敷能促使血管收缩，减慢血液循环速度，并减少受伤部位组织液的渗出，从而达到缓解受伤部位疼痛、肿胀及痉挛的目的。

（常用的冰敷方式：将碎冰块放入冰敷袋或塑料袋内，加入少量的水，将袋口系紧后，就制成了一个简便的冰敷袋；或是用湿毛巾包裹冰块后置于欲冰敷之处。现实环境中如遇取冰不便，可在快餐店购买冰棍或者沙冰替代。）

具体处理方式

①将冰敷袋放在受伤部位。

②在受伤后 48 小时内，每隔 2 ~ 3 小时冰敷一次，每次冰敷时间为 15 ~ 20 分钟较宜。

③为避免发生冻伤或神经伤害，每次使用冰敷袋不要超过 30 分钟。

· C=Compression（压迫）：使用弹性绷带包扎受伤部位，做局部压迫，以减少组织液渗出与内部出血，同时也具有缓解受伤部位肿胀的功效。

注意事项

①使用弹性绷带做压迫包扎时，应以螺旋状方式平衡施加压迫力，并从肢体末端往近端的方向包扎，当缠绕到受伤部位时可以稍增加一点压力。

②以弹性绷带拉伸最大限度的 60% ~ 70% 即可获得足够的压迫力，使用弹性绷带时要随时观察受伤者的手指或脚趾的皮肤颜色，如果受伤者有疼痛感、皮肤变色、感到刺痛等，那就意味着弹性绷带缠绕得太紧了，应解开绷带重新包扎。

· E=Elevation（抬高）：将受伤部位抬高，置于高于心脏的位置，帮助积聚在受伤部位的组织液加速回流，可以避免受伤部位过度肿胀。抬高可与冰敷、压迫等方式同时实施。

常见伤害情况处理

★ 擦伤

擦伤，即皮肤的表皮擦伤。如擦伤较浅，只需涂抹红药水消毒即可；如擦伤创面较脏或有血渗出，应该用生理盐水清洗后再涂抹红药水或紫药水。

★ 肌肉拉伤

肌肉拉伤指肌肉纤维撕裂而导致的损伤，一般是由运动过度或热身不够造成的。受伤者可以根据疼痛程度知道受伤的轻重，一旦出现强烈的痛感就应立刻停止运动，并在疼痛部位敷上冰块或冷毛巾，保持 15 ～ 20 分钟，以便使血管收缩，减轻局部充血、水肿。肌肉拉伤后切忌立刻搓揉及热敷。

★ 挫伤

挫伤是由于身体局部受到钝器打击而引起的组织损伤。轻度挫伤不需要特殊处理，经冷敷处理 24 小时后可用活血化瘀药剂，局部可用跌打损伤膏。需要注意的是在伤后第一天予以冷敷，第二天方可开始热敷，约一周后疼痛和伤情可自行消失。

★ 脱臼

脱臼，即关节脱位。一旦发生脱臼，受伤者要保持安静，不要再坚持活动，更不要揉搓脱臼部位。如脱臼部位在肩部，施救者应当将受伤者肘部弯成直角，用三角巾悬、吊前臂和肘部，然后尽快送医处置；如脱臼部位在髋部，则应立即让受伤者躺在软担架上，然后送医处置。

★ 骨折

常见骨折分为闭合性骨折和开放性骨折两种情况。开放性骨折，忌用手直接回位，恐引起骨髓炎，应用消毒纱布对伤口进行初步包扎、止血后，再用平板固定送医处理。骨折后肢体不稳定，容易移动，可找木板、塑料板等将肢体骨折部位的上下两个关节固定起来。如一时找不到外固定的材料，骨折在上肢者，可将肘关节固定于躯干上；骨折在下肢者，可将腿伸直固定于对侧的肢体上。

　　运动损伤在所难免，它的出现会给日常学习生活带来很多不便，轮滑爱好者一定要充分重视。预防在前，小心谨慎，量力而行，方能安全顺利地完成轮滑练习！愿大家都远离运动潜在伤害，尽情享受轮滑的乐趣！

第 2 章

蹬滑动作陆地模仿及原地脚感练习

轮滑是穿着轮滑鞋进行滑动的运动，它的发力方向、运动方式都和大家平常习惯的走、跑、跳等有很大的不同。适当地进行滑行技术动作的陆地模仿练习是初学者进阶的必经之路。本章将介绍基础滑行中的向前蹬滑陆地模仿练习。

向前蹬滑陆地模仿练习

★ 原地静蹲姿势练习

双脚分开平行开立，上半身前倾，肩膀高于臀，目视前方 5 ~ 6 米处，屈髋屈膝，双臂自然下垂，重心在双脚之间（见图 2.1）。

图 2.1

★ 单腿支撑练习

由原地静蹲姿势开始，将一条腿后引，另一条腿按原姿势支撑身体；收回后引腿呈原姿势，再换另一条腿重复动作。双腿交替进行，注意保持重心稳定。此练习可提升单腿支撑的能力，增强腿部力量。在此基础上，可以加上手臂摆动的动作：双臂前后摆动，前侧手臂自然弯曲，后侧手臂伸直（见图 2.2），可增强上下肢协同配合能力。

图 2.2

★ **蹬腿收腿练习**

蹬腿收腿是轮滑运动中最常见的技术动作之一。学会蹬腿和收腿，才能获得前进的动力。在原地静蹲姿势的基础上，进行左右脚轮流侧出蹬腿和收腿练习：脚侧出时脚内沿擦地，双脚平行，双脚脚尖在一条线上，侧出腿向后收到后方，大腿小腿与脚各成约 90 度，接着收回后侧腿，至双脚并拢，换另一条腿重复上述动作。在此基础上，可以加上手臂摆动的动作：双臂前后摆动，前侧手臂自然弯曲，后侧手臂伸直（见图 2.3）。

脚侧出时脚内沿擦地，双脚平行

侧出腿向后收到后方，大腿小腿与脚各成约 90 度

收回后侧腿，至双脚并拢

双臂前后摆动，前侧手臂自然弯曲，后侧手臂伸直

图 2.3

这些动作在基础滑行练习阶段需要经常练习，形成基础滑行的肌肉感觉和肢体协调配合感觉，为穿鞋滑行打好基础。

轮滑里的"刃"（内刃、外刃、平刃）

"刃"本来指的是溜冰鞋上冰刀的刃，在概念上它分内刃、外刃和平刃。把这个概念引用到轮滑鞋上也一样适用。

左脚的内刃是指左脚的右侧刃，左脚的外刃是指左脚的左侧刃；右脚的内刃是指右脚的左侧刃，右脚的外刃是指右脚的右侧刃；当轮滑鞋垂直于地面时，使用的是平刃，此时重心并没有向左或右倾斜而是垂直于地面（见图2.4）。

图 2.4

向前蹬滑动作原地练习

下面开始穿轮滑鞋做一些原地的脚感练习。这个内容是在练习者佩戴完护具，穿好鞋平稳进入场地中央，练习完"安全地摔"之后，为了提高初学者对鞋的控制力，加快初学者对轮式运动方式的适应而安排的一些原地内容。初学者经过这一番摸爬滚打之后，对轮滑运动不稳定运动状态的恐惧感要大大减少，会逐步适应和掌握动态平衡的脚鞋运动结合特点。

★ **原地站立练习**

A 形内刃站立：双脚间距宽于肩，双脚都是内刃支撑，稍屈膝，收髋，躯干稍前倾（见图 2.5）。

图 2.5

H 形平刃站立：双脚间距等于肩宽，双脚都是平刃支撑，稍屈膝，收髋，躯干稍前倾（见图 2.6）。

图 2.6

V 形外刃站立：V 形外刃站立是在 H 形平刃站立姿势基础上的变形，不同点就是练习者处于 V 形外刃站立姿势时，膝关节弯曲角度大一些，并主动将脚踝内翻，双脚以外刃支撑（见图 2.7）。

图 2.7

N 形内外刃站立：N 形内外刃站立主要通过双脚侧摆来变刃（见图 2.8）。采用这种站姿时，躯干向对侧做平衡补偿动作，应尽可能保持重心稳定。

图 2.8

T 形平外刃站立：前脚以平刃支撑，后脚以外刃支撑（见图 2.9）。双腿皆稍屈膝，重心主要在后脚上。

图 2.9

★ **原地脚感练习**

　　原地踏步：H 形平刃站立，双脚开立，微屈膝屈髋，弯腰扶腿，抬脚交替原地踏步，体会重心和支撑面的交替变化（见图 2.10）。

抬脚交替原地踏步，体会重心和支撑面的交替变化

图 2.10

　　原地踏步转圈：在原地踏步的基础上，踏步左转三圈，右转三圈。保持微屈膝屈髋、弯腰扶腿姿态（见图 2.11）。

在原地踏步的基础上，踏步左转三圈，右转三圈

图 2.11

　　原地脚前后交叉滑动：H 形平刃站立，双脚交替前后交叉滑动，跨度由小到大，配合手臂前后摆动保持动作协调（见图 2.12）。

图 2.12

　　原地脚前后交叉滑动转圈：在原地脚前后交叉滑动基础上，上半身和脚尖扭转适当角度，在多次前后交替滑动中完成转圈滑动（见图 2.13），左右交替各转三圈。跨度由小到大，配合手臂前后摆动保持动作协调。

图 2.13

　　向左 / 右侧并步行走：向一侧做并步连续横向移动，并步幅度由小到大，出脚收脚力争一步到位。保持微屈膝屈髋、弯腰扶腿姿态（见图 2.14）。

图 2.14

左 / 右交叉步行走：扶住同伴或者椅子、围墙等支撑，稳定性较好的话也可以不扶支撑，做交叉步横移（见图 2.15），注意重心跟上，不要滞后，连续向左 / 右侧交叉步行进 4 ～ 6 步。

图 2.15

借助支撑，单脚站立：扶住同伴或者椅子、围墙等支撑，单脚平刃或者外刃站立，屈膝屈髋，保持平衡 3 ～ 5 秒；左右脚交替 3 次。

借助支撑，单脚连续跳跃：扶住支撑，单脚支撑连续原地跳跃 3 ～ 6 次，轮子离地，落地时屈膝屈髋缓冲；左右脚交替练习，熟练后可尝试虚扶支撑物，独立完成练习；更熟练后可单脚支撑连续跳跃横移，注意屈膝屈髋缓冲，手勿远离固定支撑物，保证安全。

第 3 章
基础滑行技术

3.1 向前滑行（外八字走 / 滑 + 前葫芦滑）

> 在练习滑行动作时，一般要关注两个要素：一个是"脚形"，另一个是"发力方向"。不论是前滑还是后滑，注意好这两个动作要素，练习过程即有规律可循，有固定的练习步骤，练习起来事半功倍。
>
> 向前滑行技术动作有很多，最基础的就是"外八字走 / 滑"。

外八字走 / 滑

顾名思义，向前外八字走 / 滑技术动作的脚形是脚尖向外的八字形，重心在双脚之间，发力方向向侧后方，运动方式一蹬一收，交替进行。

外八字小步走：屈膝屈髋，双手扶腿，抬脚向前迈半步，发力往下踏步踩地，先不要向前踢脚发力滑行（见图 3.1）。

屈膝屈髋，双手扶腿

发力往下踏步踩地，先不要向前踢脚发力滑行

图 3.1

外八字小步走滑：屈膝屈髋，双手扶腿，抬脚小步落地向前边走边滑，出脚是向下和向前的合力方向（向前踢脚），注意重心要持续主动前移，避免滞后。

外八字滑：抬脚大步向前滑行，重心连续向前跟进（见图 3.2）。如果速度过快，可双脚同时着地充当滑足，惯性滑动，待速度自然衰减后再重新抬脚进行滑步练习。

图 3.2

技术要点

教学实践中，不同的老师会要求初学者在滑行练习时将手臂放在不同的位置（如背手在后或双手侧平举等）。本书要求初学者将双手放在膝盖上方，甚至还建议轻轻抓住大腿，其目的是让大家时刻保持双手在前、屈膝屈髋，防止摔倒；即便不小心摔倒，也要争取多向前摔，少向后摔。这一要求大家要多留意贯彻。

前葫芦滑

葫芦形滑是初学者常用的辅助练习和滑行动作。练习时脚形是脚尖向外的八字形，重心在双脚之间，发力方向向侧后方，运动方式是双脚同时蹬收，脚尖开合，在地上的滑行轨迹如葫芦。

半程前葫芦滑不封口：双脚外八字站立，重心前移，双脚沿脚尖延长线滑出至可控的最大跨度停下来（见图 3.3），先后收左、右脚呈 H 形平刃站立；调整脚形呈外八字，再次重复上述过程。

图 3.3

内外八字脚形转换： 双脚外八字站立，双脚脚尖短距离向前滚动内扣成内八字脚形，然后双脚脚跟短距离向后滚动并扣成外八字脚形（见图 3.4）。

图 3.4

完整前葫芦滑： 前葫芦滑至最大跨度之前，使用脚尖内扣技巧，此时注意膝盖内扣、脚尖内扣，大腿内侧肌肉发力收缩（见图 3.5），使脚尖由外八字并扣成内八字，完成葫芦形线路封口。

注意膝盖内扣、脚尖内扣，大腿内侧肌肉发力收缩

图 3.5

连贯前葫芦滑：单个前葫芦滑结束之后，脚形是内八字，此时可交替打开脚尖再次呈外八字，重复下一个动作循环；熟练之后，可努力尝试同时打开脚尖衔接下一个动作循环，反复练习，最后达到连续前葫芦滑行的效果。

技术总结

前葫芦滑是平地花式的重要基础性技术动作，有别于外八字滑交替离地的滑行方式，大家在平时练习时注意区别。在练习自由式平地花式时，大家会经常用到这个动作。

轮滑小知识

（1）在轮滑中，一般把着地滑行的脚叫作"滑足"，把腾空离地的脚叫作"浮足"；轮子也叫"刃"，依据触地位置的不同分为"外、平、内"刃。这些术语和概念在以后的学习中会经常提起和运用，请大家注意。

（2）轮滑滑行不管是向前还是向后，练习者都必须主动向滑行方向移送重心，这样才能保证平稳、安全和连贯地滑行。如果因为害怕，始终把重心滞留在后，就很难达到连贯稳定的滑行效果，初学者在练习时要注意体会。

（3）即便是有鞋上硬壳的支撑，初学者的脚踝也要尽量不依靠鞋壳的物理支撑站立，而应学会利用脚踝的力量主动站立，保持平刃站立或者外刃站立状态，避免 A 形内刃接地走滑或者滑行。否则会养成倒踝滑行这个不好的习惯，也容易造成脚踝和膝盖的劳损，为后面的学习与提升带来麻烦。

（4）在封闭的轮滑场地练习时，练习者一般都沿逆时针方向滑行。这一点请初学者务必注意，不要和场内流线方向逆向而行（尤其是后滑的时候），避免发生碰撞。

3.2 向前滑行（单蹬双滑 + 单蹬单滑）

单蹬单滑，顾名思义，单脚侧蹬一次，单脚滑行一段距离。从前面的内容中，大家知道轮滑要向前滑行，必须向侧后方发力蹬地。大家平时看到的高水平轮滑者，在蹬地之后都是单脚支撑长滑（支撑时间长，滑行距离长）后再交换滑足和浮足，显得既轻松又潇洒。初学者想要达到这种状态，会发现单脚难以平稳支撑，滑行起来重心不稳，身体摇摆不定。本书想要告诉大家这很正常，初学者通过学习本节的单蹬双滑、单蹬单滑练习等内容，掌握一定的方法后，可以快速地达到自如滑行的状态。

原地开合蹬收脚练习

初学者刚开始还不具备主动单脚支撑，以及有目的、有意识地进行蹬地向前长滑的能力。多练习原地开合蹬收脚练习，把蹬、推地发力效果隐藏在开合蹬收脚的动作里，慢慢练习，逐步掌握该能力。

（1）原地H形平刃站立，双脚间距比肩稍宽。左脚向左跨出一小步，右脚再向右跨出一小步，呈A形内刃站立（见图3.6）。

图 3.6

（2）左脚蹬地收回，接着右脚蹬地收回，呈 H 形平刃站立，节奏为"开—开—收—收"（见图 3.7）。

图 3.7

（3）反复练习，重心平稳后幅度可渐渐加大，直至步法运用自如。

技术总结

完成原地开合练习必须要配合脚的蹬收动作。脚在蹬脚、收脚的过程中就会产生蹬地发力的效果，这是单蹬单滑发力动作的基础。

行进间开合蹬收脚练习

在原地练习中掌握的开合蹬收脚的发力技巧，需要在行进间、移动中去体会消化。

（1）原地外八字站立，降低重心，沿双脚脚尖延长线向前滑出（此时双脚呈 A 形内刃状态），在前进趋势停止之前，分别蹬地收左脚和右脚呈双脚支撑惯性滑行状态（此时双脚呈 H 形平刃状态，见图 3.8）。通过分别蹬收左右脚产生新的动力，维持双脚长滑。此时的步法节奏是"双开—左收—右收—双并滑"，称为双蹬双滑。

图 3.8

（2）双蹬双滑步法熟练后，再变化步法节奏为"双开—左单收—双并滑—双开—右单收—双并滑"（见图 3.9），称为单蹬双滑。

图 3.9

技术总结

行进间的开合蹬收脚练习会产生很强烈的前滑效果，初学者注意频率不要太快，避免速度和身体平衡失控；另外，双开滑行时的双脚间跨度不要太大，避免拉伤，或者跨度太大导致腿收不回来，造成后摔。

单脚支撑能力练习一

单蹬单滑技术要求很强的单脚支撑能力，虽然轮滑鞋有很高的鞋套可以保护和支撑脚踝，但是自身强大的踝关节力量才是技术最可靠的基础。

（1）原地，扶椅子，单脚支撑 3 ~ 5 秒（此时，滑足脚腕立住，稍屈膝，浮足屈膝抬离地面，见图 3.10）。换脚练习，方法和要求相同。

图 3.10

（2）原地，不扶椅子，单脚支撑 3 ~ 5 秒（此时，滑足脚腕立住，稍屈膝，浮足屈膝抬离地面，见图 3.11）。换脚练习，方法和要求相同。

图 3.11

（3）原地，扶椅子，单脚原地蹬跳 3 ~ 5 次（此时，滑足脚腕立住，落地屈膝屈髋缓冲，浮足屈膝抬离地面，务必扶稳椅子，注意安全，见图 3.12）。换脚练习，方法和要求相同。

图 3.12

（4）原地，扶椅子，单脚左右平移蹬跳 6 次（此时，滑足脚腕立住，落地屈膝屈髋缓冲，浮足屈膝抬离地面，务必扶稳椅子，注意安全，见图 3.13）。换脚练习，方法和要求相同。

图 3.13

轮滑小知识

速度轮滑鞋是没有高护踝的鞋套的，完全靠轮滑者自身的踝关节力量支撑滑行，是轮滑项目里踝关节力量能力最高级别的体现，有机会大家可以尝试一下。

单脚支撑能力练习二

这个练习是为满足滑行时重心需及时向前跟进、单脚支撑能长滑（长距离、长时间）两项要求而专门设计的，教学实践中证明效果非常好。

（1）原地，扶椅子，双脚呈左脚丁字步脚形（左脚脚尖朝左侧，右脚脚尖朝前）站立。左脚朝左侧伸出呈左屈右直的左弓箭步状态，重心压在左脚上，鼻尖、膝盖、脚尖三点一线（右脚可轻松随意抬起、放下），收右脚靠近左脚，回到左脚丁字步状态（见图 3.14）。

图 3.14

（2）原地，扶椅子，双脚呈右脚丁字步脚形（右脚脚尖朝右侧，左脚脚尖朝前）站立。右脚朝右侧伸出呈右屈左直的右弓箭步状态，重心压在右脚上，鼻尖、膝盖、脚尖三点一线（左脚可轻松随意抬起、放下），收左脚靠近右脚，回到右脚丁字步状态（见图 3.15）。

图 3.15

（3）场地中央，无支撑，双脚呈左脚丁字步脚形（左脚脚尖朝左侧，右脚脚尖朝前）站立。左脚朝左侧伸出呈左屈右直的左弓箭步状态，重心压在左脚上，鼻尖、膝盖、脚尖三点一线（右脚可轻松随意抬起、放下），收右脚靠近左脚，回到左脚丁字步状态，一直向前（见图 3.16），重复练习 3 ~ 5 次。

图 3.16

（4）场地中央，无支撑，双脚呈右脚丁字步脚形（右脚脚尖朝右侧，左脚脚尖朝前）站立。右脚朝右侧伸出呈右屈左直的右弓箭步状态，重心压在右脚上，鼻尖、膝盖、脚尖三点一线（左脚可轻松随意抬起、放下），收左脚靠近右脚，回到右脚丁字步状态，一直向前（见图 3.17），重复练习 3 ~ 5 次。

图 3.17

技术总结

初学者在练习时要时刻注意检查"鼻尖、膝盖、脚尖三点一线"的要求，以及相应的检验标准——"浮足可轻松随意抬起、放下"。

另外，在动作由丁字步变成弓箭步后，务必要将身后伸直的浮足收回并去靠身前弯曲支撑的滑足，产生重心不断向前跟进的效果；切忌将重心移出去又收回来，只做在原地转移重心的错误动作。

3.3 向前滑行（并步转弯 + 压步转弯）

转弯 / 过弯是在弯道滑行过程中，速度较快的情况下，我们要采取的一个变向滑行技术。并步 / 压步则是我们要采用的脚法。

要学习这个技术，初学者就要接触两个练起来有点难但十分重要的技术：一个是"单蹬单滑"的单脚支撑长滑（时间长、距离长）；另一个就是重心跨越原支撑平面，建立新的支撑平面后的"压步滑行"（直线或转弯）。

说它们难，是因为初学者普遍能力还比较弱，不容易一下做到位，需要反复练习，运动量比较大；还有一个原因就是大家普遍都会有怕重心转移、怕摔的恐惧心理。本书将在后面的讲解中，将一个目标动作分解成若干小的、简单的、模式化的基本技术动作，要求大家反复练习。待熟练掌握这些基本技术动作以后，再将它们拼装、组合，就形成了目标动作。"模块化"的内容设计，"分层递进"的学练要求，是本书的一个教学创新，也是一个实践证明行之有效的学习方法，大家可以在后面学习中逐步去体会、掌握。

并步绕圆

从直线滑行进入弯道滑行时，初学者一般可以转换成并步滑行过弯。并步脚法下，为了滑得流畅、快速，内侧脚要求做到外刃接地滑行，同时为保持身体平衡，外侧脚呈内刃接地、蹬地状态。

（1）原地，左右脚交替外刃接地踏步（见图3.18）。

图3.18

（2）原地，左脚外刃接地，右脚平刃（或内刃），踏步向左绕圆（见图3.19）。

图3.19

（3）原地，右脚外刃接地，左脚平刃（或内刃），踏步向右绕圆（见图3.20）。

图3.20

（4）外刃接地，小范围并步绕圆，左转3圈，再右转3圈，反复练习，直到习惯内侧脚外刃接地滑行，逐渐习惯身体向内倾斜滑行。

（5）左脚外刃接地，始终保持滑足状态，膝盖向外压，右脚连续向侧后方蹬地发力，推动左脚绕圆滑行（见图 3.21）。

右脚连续向侧后方蹬地发力，推动左脚绕圆滑行

图 3.21

（6）右脚外刃接地，始终保持滑足状态，膝盖向外压，左脚连续向侧后方蹬地发力，推动右脚绕圆滑行（见图 3.22）。

右脚外刃接地，始终保持滑足状态

图 3.22

（7）反复练习，直至能够单脚支撑外刃接地，单蹬长滑绕圆滑行。

技术总结

绕圆滑行时，为保证脚下滑行弧线更接近圆弧，可以上半身反身向内转一定的角度。此时，外侧肩在前，内侧肩在后，胸口和面部朝向圆心。同时，身体向内倾斜，内侧腿膝盖向外压，做出反身内倾的姿势，可快速、流畅滑行。

压步绕圆

　　进入弯道滑行后，为了不影响在直道滑行中获得的速度，也为了避免身体起伏太大造成重心不稳，在弯道高速滑行时一般都采用压步（或称交叉步）的脚法连续滑行。

　　（1）原地双足交替单向倒刃。H形站立，双脚距离稍比肩窄；向左侧倒脚踝，呈左脚外刃、右脚内刃状态；向右侧倒脚踝，呈右脚外刃、左脚内刃状态（见图3.23）。这个练习可让初学者迅速体会到向同一侧倒刃、转移重心的感觉。

向左侧倒脚踝，呈左脚外刃、右脚内刃状态

向右侧倒脚踝，呈右脚外刃、左脚内刃状态

图 3.23

　　（2）原地，有支撑（固定支撑——椅子、移动支撑——练习同伴）。向左侧倒刃、转移重心后，右脚向左脚前方迈出脚步，呈双脚交叉脚形，完成压步（见图3.24左侧图）；然后左脚向左移动，完成并步站立。可连续向左侧反复练习。

　　（3）原地，有支撑（固定支撑——椅子、移动支撑——练习同伴）。向右侧倒刃、转移重心后，左脚向右脚前方迈出脚步，呈双脚交叉脚形，完成压步（见图3.24右侧图）；然后右脚向右侧移动，完成并步站立。可连续向右侧反复练习。

图 3.24

（4）原地，无支撑，向左倒刃转移重心—右脚交叉步—左脚并步—右脚原地并步（见图 3.25）；向右倒刃转移重心—左脚交叉步—右脚并步—左脚原地并步；原地练习，熟悉步法，动作节奏为"1—2—3—4（倒—叉—并—并或者倒—右—左—右），1—2—3—4（倒—叉—并—并或者倒—左—右—左）"。

图 3.25

（5）行进间走滑，无支撑，向左倒刃转移重心—右脚交叉步—左脚并步—右脚并步跟随，向右倒刃转移重心—左脚交叉步—右脚并步—左脚并步跟随（行进间练习时，注意转移重心前有一段双滑过程）。熟悉步法，动作节奏为"1—2—3—4（倒—叉—并—并或者倒—右—左—右），1—2—3—4（倒—叉—并—并或者倒—左—右—左）"。

（6）外刃接地，小 / 中范围连续并步 + 交叉步绕圆（见图 3.26），左转 3

圈，再右转3圈。一个或几个并步接一个交叉步，反复练习，直到习惯一个并步接一个交叉步的步法节奏和内侧脚外刃接地、身体向内倾斜滑行的状态。

外刃接地，小/中范围连续并步 + 交叉步绕圆

图 3.26

（7）全场练习，直道上左右交叉步 S 形单蹬单滑，弯道上连续压步过弯滑行。逆时针、顺时针方向交替进行，以达到熟练使用左右交叉步过弯滑行的效果。

技术总结

弯道压步（或称交叉步）滑行时，可采用单臂摆或者双臂摆。若采用单臂摆，则是内侧臂背在身后，外侧臂前后随摆；若采用双臂摆，则内侧臂左右方向随摆，外侧臂前后方向随摆比较舒服且稳定。也可以双臂侧平举滑行，此时，外侧手前伸，内侧手后伸，上半身转身，胸口朝向圆心。

3.4 向后滑行（内八字走 / 滑 + 后葫芦滑）

向后滑行是滑行方向与身体朝向相反的滑行方式。不管前滑还是后滑，初学者一定要抓住两个要素：脚形和发力方法（脚法）。前滑是"外八字脚形"，那后滑就是"内八字脚形"；前滑发力方法（脚法）是"外八字走或走滑，前葫芦滑"，那后滑发力方法（脚法）就是"内八字走或走滑，后葫芦滑"。这两个概念清晰以后，练习方法和步骤都是一样的，只是方向、脚形和脚法相反而已。如果能够理解这一点，那大家很快就能举一反三，在前滑经验技术积累的基础上熟练地掌握后滑技术。

内八字走 / 滑

初学者开始练习时，背朝前进方向，微屈膝屈髋；脚尖、膝盖内扣；双手扶腿，防止随时出现的向前倾倒情况；臀部向前收，呈微微下坐姿态，上半身抬起，勿低头；视线从肩侧往后（见图 3.27）。

图 3.27

（1）内八字小步走：微屈膝屈髋，双手扶腿，脚尖、膝盖内扣，抬脚半步向后走，发力往下踏步踩地，先不要向后踢脚发力滑行，视线从肩侧往后（见图 3.28）。

微屈膝屈髋，双手扶腿

发力往下踏步踩地，先不要向后踢脚发力滑行

图 3.28

（2）内八字小步走滑：微屈膝屈髋，双手扶腿，脚尖、膝盖内扣，抬脚小步落地向后边走边滑，出脚方向是向下和向后的合力方向（向斜后方踢脚跟），注意重心要持续主动后移，避免滞后，视线从肩侧往后（见图3.29）。

出脚方向是向下和向后的合力方向，注意重心要持续主动后移

图 3.29

（3）内八字滑行：脚尖、膝盖内扣，抬脚大步向后滑行，重心连续向后移动（见图3.30）。如果速度过快，可双脚同时着地充当滑足，惯性滑动，待速度自然衰减后再重新抬脚进行滑步练习。

抬脚大步向后滑行，重心连续向后移动

图 3.30

技术总结

实际练习中，脚尖、膝盖内扣的脚形和腿形不能持续保持，是不容易达到连贯后滑效果的一个重要原因。如果大家发现自己只能向后走，而不能滑起来，那么只要改善一下腿形和脚形控制，就能轻易达到连贯滑行的效果。一旦达到连贯滑行效果，注意要屈膝屈髋，降低重心，不要前俯，避免脚下速度加快、身体重心前移太多而摔倒。向后滑行的时候，转头自然从肩侧往后看即可，切忌从胯下往后看。

后葫芦滑

后葫芦滑就是向后滑行时双脚着地向前方发力，葫芦形开合腿形，脚跟引领双脚分别走 S 形路线。

（1）半程后葫芦滑不封口：双脚内八字站立，重心前移，双脚沿脚跟延长线滑出至接近最大跨度停下来，先后收左右脚呈 H 形平刃并步站立（见图3.31）；调整脚形呈内八字，再次重复上述过程；反复练习至熟练。

先后收左右脚呈 H 形平刃并步站立

双脚沿脚跟延长线滑出至接近最大跨度停下来

图 3.31

（2）内外八字脚形转换：双脚外八字站立，短距离向前滑动，双脚脚尖内扣成内八字脚形；然后双脚脚跟短距离滑动并扣成外八字脚形（见图3.32）。反复练习，提升脚尖、脚跟内扣和外展的控制能力。

图 3.32

（3）完整后葫芦滑：半程后葫芦滑即将到达最大跨度之前，使用脚跟并扣技巧（见图 3.33），此时注意脚跟相对，大腿内侧肌肉发力收缩，完成葫芦形线路封口。

图 3.33

（4）连贯后葫芦滑：单个后葫芦滑结束之后，脚形是外八字形，此时可交替打开脚跟再次呈内八字形（见图 3.34），重复下一个动作循环；熟练之后，可努力尝试同时打开脚跟衔接下一个动作循环，反复练习，最后达到连续后葫芦滑的效果。

图 3.34

技术总结

后葫芦滑不仅是平时基础的向后滑行的常用动作，也是平地花式后滑的重要基础性技术动作，有别于内八字走滑交替蹬地的滑行方式，它是双脚同时始终接地滑行，用脚跟开合产生变向的技术动作，练习者在平时练习时注意区别。

3.5 向后滑行（单蹬双滑＋单蹬单滑）

前文向初学者介绍了前单蹬单滑技术动作，通过前单蹬单滑技术动作的练习，初学者普遍能感受到向前滑行技术的进步，滑行变得更加流畅。本节内容在初学者具备了一定的后滑能力的基础上，向大家介绍向后的单蹬双滑和单蹬单滑技术，以提高大家的后滑水平。这个技术未来会更多地体现在花样轮滑的内容中，花样轮滑爱好者千万不要错过！

后单蹬双滑

后单蹬双滑是后单蹬单滑技术动作的过渡。它的练习目的：一个是熟练掌握侧前单脚蹬地，产生动力起滑；另一个是在单脚向后支撑滑行能力还不足的情况下，用双脚支撑滑行来过渡双脚交替蹬地滑行，同时用双脚向后长滑来逐步过渡到单脚向后长滑。

（1）原地跨步蹬收腿，收放重心：原地双脚呈 H 形平刃站立，双脚间距比肩稍宽。左脚向左侧跨出一小步，右脚向右侧跨出一小步，呈 A 形内刃站立（见图3.35）；左脚蹬地收回，接着右脚蹬地收回，节奏为"开—开—收—收"。反复练习，重心平稳后幅度可渐渐加大，练至步法运用自如。

左脚向左侧跨出一小步　　　　　　右脚向右侧跨出一小步

图 3.35

（2）行进间双滑跨步蹬收腿，收放重心：原地内八字站立，向前降低重心，沿双脚脚跟延长线向后滑出（此时双脚呈 A 形内刃状态），在向后滑行趋势停止之前，先后蹬地收回左脚和右脚，呈 H 形平刃站立。通过先后蹬收左右脚产生新的动力，维持双脚长滑。在长滑停止之前，重复步骤（1）的练习，此时的步法节奏是"双开—左收—右收—双并滑"（见图 3.36）。

原地内八字站立，向前降低重心　　　　　　此时的步法节奏是"双开—左收—右收—双并滑"

图 3.36

（3）向后单蹬双滑：反复练习步骤（1）和（2），直至步法运用自如，滑行平稳流畅后，变步法节奏为"双开—左单收—双并滑—双开—右单收—双并滑"（见图 3.37）。

双开—左收—双并滑—双开—右单收—双并滑　　　　　　双开—左单收—双并滑—双开—右单收—双并滑

图 3.37

图 3.37（续）

技术总结

双脚跨度接近最大时，初学者不容易收腿，经常会在这里失去平衡而摔倒，此时请注意调整跨度至自己能控制的程度，同时也可在蹬收之前把重心偏向蹬收腿，然后屈膝蹬地，就会发现收腿变得容易多了。

另外，还需要注意在双脚大跨度滑行时，上半身不要前俯，因为这样很容易形成脚走人留的情况，结果常常是向前摔倒，初学者在练习时需要多多留意。

后单蹬单滑

单脚支撑能力是单蹬单滑的基础，大家可多进行原地练习以安全、高效地提升支撑能力。检验练习效果的标准与前单蹬单滑一样，力争做到两个长：单脚支撑时间长，滑行距离长。

（1）单脚支撑能力练习。

参见第38页的"单脚支撑能力练习一"。

（2）陆地模仿后单蹬单滑技术动作。

双脚呈内八字A形站立，左脚内侧脚掌发力蹬地，右脚向右后方模拟滑行到位，重心同时由左脚迅速移动到右脚，右脚成滑足支撑，左脚蹬地后成浮足跟随，此时身体向左侧旋转45度，右腿屈膝屈髋支撑滑行，左腿伸膝伸踝保持动作优美，右臂前伸，左臂侧伸，左右手之间约成90度；右脚内侧脚掌发力蹬地，左脚向左后方模拟滑行到位，重心同时由右迅速移动到左脚，左脚成滑足支撑，右脚蹬地后成浮足跟随，此时身体向右侧旋转45度，左腿屈膝屈髋支撑滑行，右腿伸膝伸踝保持动作优美，左臂前伸，右臂侧伸，左右手之间约成90度。反复练习，直至熟练。

（3）后单蹬单滑练习。

双手打开侧平举，抬头、挺胸、立腰，一只脚侧蹬，另一只脚支撑长滑（单脚滑足支撑时间长，单脚滑足滑行距离长），滑行3～6米后交换滑足与浮足，沿场地逆时针方向连续进行单蹬单滑练习（见图3.38），直至熟练。

图3.38

技术总结

滑行过程中，滑行轨迹成之字形，有利于将蹬滑动作与单蹬单滑的长滑结合起来，动作衔接自然流畅，姿态展现优雅从容，大家在练习当中慢慢体会掌握。

做后单蹬单滑时可以屈髋，将浮足置于身前，并配合腿臂交替挥摆，十分从容潇洒；或可以展胸展髋，向后举腿，呈后燕式平衡式滑行，也非常优美。若能自如地进行内外弧线滑行的变换，体验更好。

3.6 向后滑行（并步转弯＋压步转弯）

向前的并步和压步转弯技术，可以运用到速滑的高速过弯上，也可以运用到花滑的压步图形上。针对后滑，后压步和并步因为没有竞速的要求，我们会更多地运用到花滑的后滑图形上，喜欢花滑的初学者可多注意练习。

后并步转弯

在向后直线滑行进入弯道滑行时，初学者一般可以转换成并步滑行过弯。并步脚法下，为保持身体平衡，滑得流畅、快速，内侧脚要求做到外刃接地滑行，外侧脚呈内刃接地、蹬地状态。同时身体向内倾斜，上半身向内扭转 90 度，胸口和眼睛都朝向圆心（见图 3.39）。

上半身向内扭转 90 度，胸口和眼睛都朝向圆心

图 3.39

（1）陆地模仿原地后并步／压步绕圆。双脚平行站立，屈膝屈髋，上半身向内扭转 90 度，内侧手向后，外侧手向前，胸口对准圆心（见图 3.40 左侧图），脚下走并步／压步绕圆。注意内侧脚脚跟每次落地时都向内做一个一定角度的扭转，内侧臀部配合向内扭转（见图 3.40 右侧图），以保证脚下滑行弧线更接近圆弧。交换方向，并步／压步反复练习，直至脚法、身位配合熟练。

图 3.40

（2）原地后滑并步绕圆。原地，左右脚平刃接地，向左或者向右踏步绕圆，注意内侧脚脚跟每次落地时都向内做一个一定角度的扭转，内侧臀部配合向内扭转，以保证脚下滑行弧线更接近圆弧（见图 3.41）。交换方向，并步反复练习，直至脚法、身位配合熟练。

图 3.41

（3）小范围并步滑行绕圆。慢滑小半径转圈，左转 n 圈，再右转 n 圈，反复练习，直到熟练。屈膝屈髋，身体向内扭转 90 度，内侧手向后，外侧手向前，胸口对准圆心，脚下并步滑行绕圆，注意内侧脚脚跟每次落地时都向内做一个一定角度的扭转，内侧臀部配合向内扭转，保证脚下滑行弧线更接近圆弧（见图 3.42）。交换方向，并步反复练习，直至脚法、身位配合熟练。

图 3.42

压步绕圆

后滑进入弯道滑行后，为了不影响在直道滑行中获得的速度，也为了避免身体起伏太大造成重心不稳，在弯道快速滑行时一般都采用压步（或称交叉步）的脚法连续滑行。

（1）原地双足交替单向倒刃。H形站立，双脚间距稍比肩窄；向左侧倒脚踝，呈左脚外刃、右脚内刃状态；向右侧倒脚踝，呈右脚外刃、左脚内刃状态（见图3.43）。这个练习可让初学者迅速体会到向同一侧倒刃、转移重心的感觉。

向左侧倒脚踝，呈左脚外刃、右脚内刃状态　　　向右侧倒脚踝，呈右脚外刃、左脚内刃状态

图 3.43

（2）原地，有支撑（固定支撑——椅子、移动——练习同伴）。向左侧倒刃、转移重心后，右脚向左脚前方迈出脚步，呈双脚交叉形，完成压步；然后左脚向左移动，完成并步站立。交替向右侧反复练习。

（3）原地，无支撑，向左倒刃转移重心—右脚交叉步—左脚并步—右脚原地并步；向右倒刃转移重心—左脚交叉步—右脚并步—左脚原地并步（见图3.44）；原地练习，熟悉步法，动作节奏为"1—2—3—4（倒—叉—并—并或者倒—右—左—右），1—2—3—4（倒—叉—并—并或者倒—左—右—左）"。

图 3.44

（4）后滑走滑行进间，无支撑，向左倒刃转移重心—右脚交叉步—左脚并步—右脚原地并步；向右倒刃转移重心—左脚交叉步—右脚并步—左脚原地并步（见图3.45）；行进间练习，注意转移重心前有一段双滑过程，熟悉步法，动作节奏为"1—2—3—4（倒—叉—并—并或者倒—右—左—右），1—2—3—4（倒—叉—并—并或者倒—左—右—左）"。熟练后，变成全场交叉步S形单蹬单滑。

图 3.45

（5）后滑走滑行进间，小/中范围连续并步+交叉步绕圆（见图3.46），左转 n 圈，再右转 n 圈。一个或几个并步接一个交叉步，反复练习，直到熟练。

图 3.46

（6）全场练习，直道上左右交叉步 S 形后单蹬单滑，弯道上连续后压步过弯滑行（见图3.47）。逆时针、顺时针方向交替进行，以达到熟练使用后滑左右交叉步过弯的效果。

图 3.47

技术总结

后滑走滑行进间，注意转移重心前有一段双滑过程，目的是明晰脚法变化的节奏，避免步法混淆导致没有时间双脚倒刃转移重心，从而产生压步迈脚时失去稳定性的状况。

在行进间后滑小范围连续并步+交叉步绕圆的练习中，要注意身体姿态：屈膝屈髋，身体向内扭转90度，内侧手向后，外侧手向前，胸口对准圆心，内侧脚脚跟每次落地时都向内做一个一定角度的扭转，内侧臀部配合向内扭转，保证脚下滑行弧线更接近圆弧，身体向内倾斜滑行。

3.7 向后滑行（一字步前转后、后转前衔接步）

经过练习，初学者熟练掌握了向前和向后滑行的基本技术和步法后，我们开始学习前滑转后滑、后滑转前滑的两个衔接步，在这里称为"一字步前转后、后转前衔接步"。掌握了这两个衔接步法，初学者就可以不用停止、不用减速，自如地进行前后滑的转换了。

一字步前转后

一字步，顾名思义，脚形呈现双脚脚尖都朝外的类似一字的形态。在一字脚形下，通过双脚依次的前滑转后滑，完成滑行方向的转变。

（1）一字步陆地模仿。原地直接模仿一字步开立，练习伸膝伸髋到屈膝屈髋的原地一字步蹲起（见图3.48）。

图 3.48

（2）左右丁字步转一字步陆地模仿。左脚丁字步站立，沿左脚脚尖方向出脚，右脚跟随，止步于左脚后方（此时双脚紧靠，左前右后，脚尖都朝外，见图3.49）；变成右脚丁字步站立，沿右脚脚尖方向出脚，左脚跟随，止步于右脚后方

（此时双脚紧靠，右前左后，脚尖都朝外）。

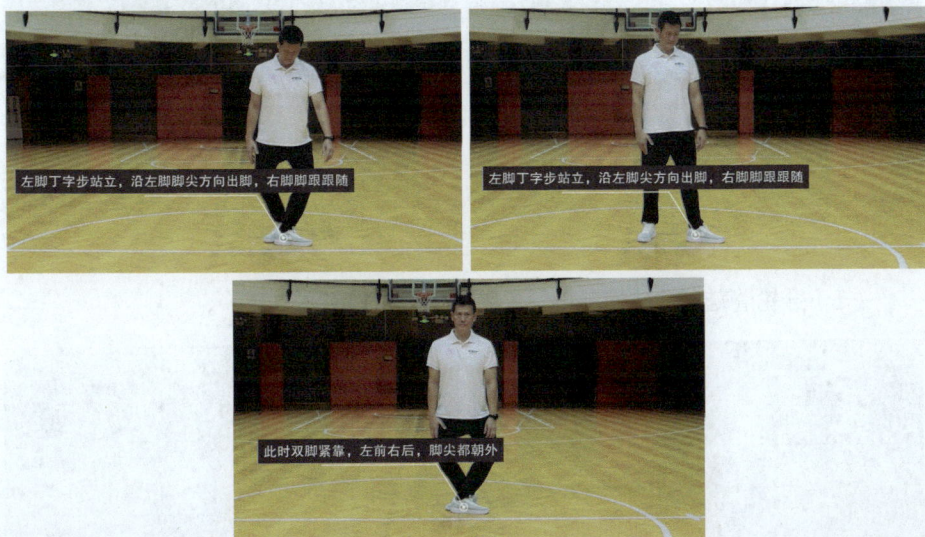

图 3.49

（3）右脚丁字步，分别做重心移到右脚，左脚抬脚，脚尖内扣后落地与右脚脚尖同向成并步（见图 3.50）；重心移到左脚，右脚抬脚，脚尖内扣后落地与左脚脚尖同向成并步。左右侧反复练习，直至熟练掌握动作。

图 3.50

（4）穿轮滑鞋，扶住椅子重复（1）的练习；保持脚形呈一字形，借助椅子发力，双脚在地上左右一字步滑动（见图 3.51）。

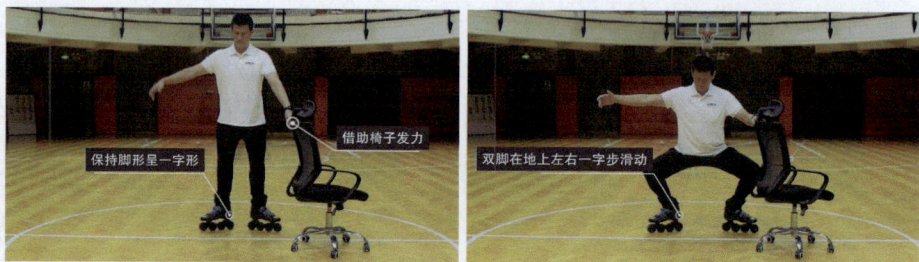

保持脚形呈一字形

借助椅子发力

双脚在地上左右一字步滑动

图 3.51

（5）穿轮滑鞋，扶住椅子重复（2）的练习（见图3.52）。

穿轮滑鞋，扶住椅子重复（2）的练习

穿轮滑鞋，扶住椅子重复（2）的练习

图 3.52

（6）穿轮滑鞋，扶住椅子重复（3）的练习；浮足脚尖内扣后落地与滑足脚尖同向成并步，然后以一个后葫芦滑滑出；左右侧反复练习。

（7）穿轮滑鞋，原地丁字步站立，不扶椅子，重复（6）的练习；练习节奏可依据"滑—叠—并—后葫芦"或者"左—右—左—后葫芦"，"右—左—右—后葫芦"或者"出—跟—并—后滑"进行。

（8）行进间滑行，小跨度出脚，小步幅滑行，重复（7）；左右侧反复练习，直至平稳、熟练。

（9）行进间滑行，正常幅度、速度，熟练掌握左右侧前滑转后滑技术。

一字步后转前

初学者不要因为觉得后转前技术难而心生恐惧，其实只需要注意两个方面：一是方向要自然转过来，转头肩、转腰胯、转脚尖，后滑踏步自然变成前滑踏步；二是转向熟练后采取一字步脚形脚法，自然滑转过来即可。

（1）陆地模仿。H形站立，右脚支撑，左脚向后画弧180度落脚，此时双脚呈一字步状态，身体左转90度；然后重心移到左脚，身体再转90度，右脚跟随与左脚并立，完成一字步后转前（见图3.53）。

图 3.53

（2）穿轮滑鞋，原地重复（1）的练习（见图3.54）。

图 3.54

（3）穿轮滑鞋，行进间向后双滑，在抬脚向后画弧之前，双滑向后并步转一个角度（30～45度）（见图3.55），然后重复（1）的练习；完成后转前之后，继续向前双滑一段距离。

图 3.55

（4）左右侧反复练习，直到两侧都能熟练掌握。

3.8 基础刹停法

大家都知道驾驶汽车可以分为起步、行驶、制动三个阶段，我们把轮滑也分为启动、滑行、刹车三类技术。通过前面的学习，我们已经掌握了轮滑启动、滑行的七大基本技术，这节我们来学习基础滑行的最后一项技术：刹车，也叫急停。

刹车的种类和形式很多，自由式轮滑项目针对刹车还专门开发出一项比赛——花式刹停，动作难度分为五个等级，动作数量多达百种。对于轮滑初学者来说，重要的还是在保证安全、循序渐进的情况下依据自己的能力选择合适的刹车技术。本节给大家介绍15种初学者日常滑行中用得最多，效果也十分显著的刹车方法。

墙刹（借助固定物体）

这种刹停方法非常简单，向墙壁或任何适合的固定对象滑过去，在接触它们的同时使用你的手臂进行缓冲。在速度较慢时，这是比较安全的刹停方法。在接触墙体的时候记得偏转头部（见图3.56），这样就不会把脸撞到墙上了。其关键点在于要学会屈臂缓冲（就像对墙做俯卧撑一样）。

向墙壁或任何适合的固定对象滑过去

在接触墙体的时候记得偏转头部

图 3.56

直排后刹

　　双脚并排滑行时，把有刹车器的那只脚向前推出，脚尖微向上，让刹车器压住地面。越用力地将刹车器压向地面，就可以越快地停下来。重心放低，保持在双脚中间，不要太前或太后。直排后刹与普通刹车其实没什么不同，只是直排后刹比较容易学习，只要脚往前一伸就可刹车。

低速 ∨ 字刹停

　　初学者可以脚跟并拢呈 ∨ 字（适用于倒滑），或脚尖并拢呈倒 ∨ 字（适用于正滑），在两只鞋撞到一起前停止（见图 3.57）。这可能会导致滑行者向滑行的方向摔倒（取决于当时的速度），因此滑行者要有向前倾斜身体或向后倾斜身体的动作来做一些补偿。

脚跟并拢呈 ∨ 字（适用于倒滑）　脚尖并拢呈倒 ∨ 字（适用于正滑）

图 3.57

内八字刹停

　　双脚张开，呈内八字脚形，双腿弯曲蹲低，身体微向前倾，抬头，双眼直视前方。刹停时双脚用力内八字往外撑（见图 3.58），避免脚尖往内滑成前葫芦形，靠摩擦慢慢减速刹车。反复练习，将刹车力量均匀施于双足。此法适用于平缓长下坡，亦可用于平地速度较慢时刹车。

图 3.58

护具刹停

护具佩戴整齐，检查是否牢固。

（1）单蹬单滑过程中，浮足膝盖跪地摩擦，身体保持稳定（见图 3.59），利用护具的摩擦逐渐减速并停下来。此法适用于速度较慢的情况。

图 3.59

（2）速度较快时，在浮足膝盖跪地摩擦的同时，俯身弯腰，滑足屈膝支撑，滑足对侧手掌根外旋着地（见图 3.60），此时前冲减速动作在外旋支点的引导下会使整个身体产生外旋加漂移的减速效果，动作潇洒好看。

图 3.60

丁字刹停

双脚呈丁字形，右脚或者左脚在前，另一只脚在后，前腿弓后腿蹬（见图3.61）。靠后脚摩擦，产生制动效果。

右脚或者左脚在前，另一只脚在后，前腿弓后腿蹬

图 3.61

（1）穿轮滑鞋，原地丁字步站立；左脚向前滑出，身体重心跟上，屈膝支撑，鼻尖、左膝盖、左脚脚尖三点一线，右腿蹬直，右脚内刃扣住地面（见图3.62）；右脚1～2次蹬地收腿，逐渐靠向左脚脚跟，恢复成左脚丁字步；反复向前练习；换另一侧进行练习。

左脚向前滑出，身体重心跟上 ／ 鼻尖、左膝盖、左脚脚尖三点一线

图 3.62

（2）穿轮滑鞋，原地丁字步站立；屈膝屈髋，右脚内刃蹬地，左脚向前单脚长滑，身体重心跟上，屈膝支撑，鼻尖、左膝盖、左脚脚尖三点一线，右腿蹬直，右脚内刃扣住地面摩擦；在滑动逐渐停止过程中，右脚靠向左脚脚跟，恢复成左脚丁字步；反复向前练习；换另一侧进行练习。

（3）穿轮滑鞋，单蹬单滑，单脚支撑过程中，浮足内刃触地（刮地），刹车过程中保持丁字形，感觉像是把后腿当成一条拖慢你前进步伐的"废腿"，后脚用力下压以加大摩擦力，不要左右歪斜，利用后脚的轮子和地面的摩擦力刹车。

前侧刹停

平行向前滑行时右脚前滑，身体下蹲，左脚开始往左转。待左脚与右脚呈一字步时，身体下蹲后倾。右脚向前侧伸出，身体下压，右脚脚跟发力，压内刃刹停（见图 3.63）。

平行向前滑行时右脚前滑，身体下蹲，左脚开始往左转

右脚向前侧伸出，身体下压

图 3.63

后侧刹停

向后滑行时右脚向后滑，身体下蹲，左脚侧伸出。身体蹲低，左脚压内刃，斜贴在地（见图 3.64）。

向后滑行时右脚向后滑，身体下蹲，左脚侧伸出

身体蹲低，左脚压内刃，斜贴在地

图 3.64

71

双重侧刹停

前侧刹转后滑后侧刹（见图 3.65）。

图 3.65

前滑开脚内外刃丁字转刹停

前滑时单侧脚向单侧一字步开转，另一侧脚始终与前侧脚呈丁字形，身体向右后方倾斜（见图 3.66）。此法中慢速时适用。

图 3.66

后滑开脚内外刃丁字转刹停

前滑转后滑，或者后滑时双脚分开，右脚向左转，左脚方向始终不变，最后双脚呈丁字形停下，身体向左后方倾斜。

前滑转弯 V 字内刃刹停

前滑时双脚呈 V 字脚形，右 / 左脚顺势往左 / 右前方画弧线，双脚压内刃，脚掌内侧发力即可慢慢刹停（见图 3.67）。

图 3.67

后滑转弯 V 字内刃刹停

后滑时双脚呈 V 字脚形，右 / 左脚顺势往左 / 右后方画弧线，双脚压内刃，脚掌内侧发力即可慢慢刹停。

前转弯刹停

前滑平行放脚，向转弯侧同时倒刃，呈内脚外刃、外脚内刃状态，身体内倾，屈膝降低重心（见图3.68）。随着速度减慢，弧圈越转越小，重心逐渐升高，直至完全停下，双脚以丁字步平稳站立。

图 3.68

后点规刹停

后滑平行放脚，向转弯侧同时倒刃，呈内脚外刃、外脚内刃状态，身体内倾，屈膝降低重心。前后放脚，脚尖都朝外，呈点脚圆规式滑行，身体向内倾斜，手臂前后打开，上半身向外扭转至后背对着圆心（见图3.69）。刹停后，收脚平行站立。

图 3.69

PART

2

第二篇

花式绕桩

第 4 章

花式绕桩基础

4.1 花式绕桩概述

　　自由式轮滑中最有代表性的就是花式绕桩，也就是早期所说的"平地花式"——简称"平花"。所谓花式绕桩，是指轮滑者通过桩杯类标志物来展现轮滑的滑行、转向、刹停及跳跃等综合技术的新兴轮滑运动项目，动作灵活多样，极具观赏性和娱乐性。

　　花式绕桩运动在法国诞生，当时一些爱好者无意中把喝完的可乐罐摆放在地上，然后在其间穿插滑行，逐渐地就玩出了各式的花样技巧，并流行起来。随着加入的爱好者越来越多，大家聚在一起交流技术，道具也从可乐罐换成喝水用的杯子，然后变成今天的锥形桩。

4.2 花式绕桩的分类及脚部基础能力练习

花式绕桩标准赛的动作分类与技术要求

蹲坐类：运动员须保持腰在膝盖高度位置的蹲坐姿势完成动作。

跳跃类：运动员双脚须同时离开地面。

旋转类：运动员至少有一只轮子在地面，并在桩内完成旋转动作。

单轮类：运动员以一只轮子在桩内向前或向后完成动作。

其他类：上述四类之外的其他动作。

花式绕桩的基础动作

　　花式绕桩的动作千变万化，为了方便学习，从其动作的发力特点、轨迹特点以及身体姿态的配合，可以归纳出非常简单的技巧动作，本书称为基础动作。

★ S 形类动作

S 形类动作指滑行过桩轨迹是圆润的 S 形，通过身体扭转带动双脚或单脚的摆动式发力。如：Fish（双脚左右平行 S 形绕桩）、Snake（双脚前后一字 S 形绕桩）、One Foot Snake（单脚 S 形绕桩）。

★ 八字类动作

八字类动作指滑行过桩轨迹是横向相对的内外八字变换的 V 字形，发力是双脚的前后或左右相对用力。如：X（横向双脚连续内外八字转换滑行过桩）、Wiper（单脚横向内外八字跳换滑行）等。

★ 旋转类动作

旋转类动作指滑行过桩轨迹是圆弧，练习者以某一点为圆心，通过身体的主动扭转来获得滑行动力的动作。如：Turn（双脚旋转）、Volt（圆规）等。

★ 交叉类动作

交叉类动作指滑行过桩轨迹是双 S 叠加形，发力是双脚左右相向摆动用力的动作。如：Cross（前剪）、Backward Cross（倒剪）、Nelson。

★ 组合动作

把两类或两类以上的基础动作通过一定的方式混合在一起，能变化出更多更有趣的技巧动作，这些技巧动作我们称为组合动作。如：Crazy、攀藤。

★ 套路动作

基础动作与组合动作通过一定的方式（如 20 个桩）混合，特别是根据音乐元素进行有机编排，就成为更具艺术表现力的多段或多组动作，这样的动作我们称为套路动作。

花式绕桩有 6 项主要基本要素

★ 平衡 / 站姿

平衡 / 站姿指动作过程中，重心支撑的状态，个别动作可能会有多种变化。只有掌握平衡，你才能更好地完成动作。

★ 用刃

用刃指动作中刃的变化，包括内刃、外刃、平刃。

★ 旋转动作

旋转动作指在滑行中以身体为轴转动或身体某些关节的转动，以保持平衡及肢体协调，并更好地完成动作。这些转动可以在转向中运用，练习者可以转动躯干或关节，并且力的使用都是通过关节的旋转来完成的。

★ 压力的应用

压力的应用指为完成某动作，通过腿的蹬收、脚的翻转、重心的主动转移来获得动作的动力，一般是指对轮滑鞋用力、不用力或控制力。压力可用来体会平衡、用刃、重心转移和旋转动作。

★ 过桩的路线 / 滑行线路

过桩的路线 / 滑行线路指滑行的轨迹。不同的轨迹，动作名称也不一样。同时，过桩的方式也会造成动作名称的改变。动作名称在一定程度上是描述动作的基本特征的，但由于有很多动作是用人名、地名或其他事物的名字来命名的，因此我们一定要了解各动作的路线与过桩方式，以便与其他类似动作区分及更好地学习。

★ 肢体协调

肢体协调指动作过程中肢体协调配合以更好地完成动作。一般是指目光、手的摆动以及腿的摆动相互配合。

在练习过程中，我们要遵循循序渐进的原则，按照滑行线路—身形配合—发力技巧的步骤练习，能够让动作的完成程度越来越高并且更容易控制速度和节奏。

第 5 章
花式绕桩基础技术

5.1 原地画圆及攀藤

攀藤作为一个简单的旋转类动作，同时也是一个入门的动作组合，它是由前交叉—外八字半圆转身—后交叉—内八字半圆转身组成。

原地画圆

原地画圆是一个通过外八字站立和内八字站立来回转换，滑出圆形线路的过程，是后续学习双脚旋转的基础。

练习时要保持上半身直立、微向前倾、膝盖弯曲，双脚交替作为支撑，非支撑脚画弧线完成两个站立姿势的转换，动作要连贯、有节奏（见图5.1）。

图 5.1

攀藤

攀藤作为一个涉及四个桩的动作，可以分解为4个阶段。

（1）在首桩完成交叉动作，以外八字站立结束交叉（见图5.2）。

图 5.2

（2）利用外八字画半圆转身绕过第二个桩，呈背对前进方向的外八字站立（见图5.3）。

图 5.3

（3）背对第三个桩从外八字站立出发，身体重心后移，完成后交叉过桩，后交叉打开后变成内八字站立（见图5.4）。

图 5.4

（4）身体重心继续后移，从内八字站立，向后画半圆转身，绕过第四个桩，呈正对前进方向的内八字站立（见图5.5），一个完整的攀藤动作结束。

图 5.5

技术总结

从动作的滑行线路来看，要注意转体的方向和交叉的前后脚直接相关。以第一阶段右脚先进桩的前交叉为例，第二阶段应该是向右侧转体，第三阶段是右脚先进桩的后交叉，第四阶段是向左侧转体。

滑行当中要注意转体的连贯性，双脚在过桩滑行的时候肯定是有先后顺序的，尽量让后滑的脚保持滑行直接衔接下一个阶段的动作。这样逐步熟练之后动作就会顺畅连贯，不会有明显的停滞感。

动作组合练习能够很好地锻炼身体姿态的控制，同时压力的应用和用刃的控制对动作的连贯性也有影响。

5.2 Snake（正蛇）与 Backward Snake（倒蛇）

随着练习的深入，大家会慢慢感觉到身体姿态对于花式绕桩动作是多么重要，其不仅会影响动作的流畅度，甚至关系到动作能否完成。下面结合交叉动作和身形配合来介绍正蛇和倒蛇。

Fish 和 Snake 两个动作之间的区别：Fish 是双脚并拢并同时转动的 S 形绕桩方式，因为双脚位置很近，而且前后几乎一致，所以双脚基本是同时发力的；而 Snake 是双脚一前一后依次 S 形绕桩，所以就导致了双脚是分别发力的。

Snake（正蛇）

根据滑行线路可以看出，正蛇其实就是错位的前交叉。

我们可以把正蛇当作前交叉的一个变形动作，前交叉是在桩点位置交叉，而正蛇（以右脚在前为例）相当于在桩点左侧交叉，依靠髋关节向右转动，右脚和左脚依次向外侧画弧蹬地，交叉打开后呈一前一后的蛇形姿势，此时双脚都在桩线右侧，身体向左转动，右脚和左脚依次向外侧画弧蹬地，再次回到在桩点左侧交叉的姿势（见图 5.6）。

在完成整个动作过程中，依靠肩膀带动髋关节，髋关节带动膝关节，同时配合双脚依次蹬地，不断地完成扭转，保持身体重心跟随右脚移动。

右脚和左脚依次向外侧画弧蹬地，再次回到在桩点左侧交叉的姿势

图 5.6

Backward Snake（倒蛇）

倒蛇就是后交叉的一个变形动作。

倒蛇是一个背向动作，上半身转向前进方向，双臂一前一后伸展开，眼睛沿身后的手臂向后看，身体保持直立，膝关节弯曲（见图 5.7），切忌身体过度前倾。

图 5.7

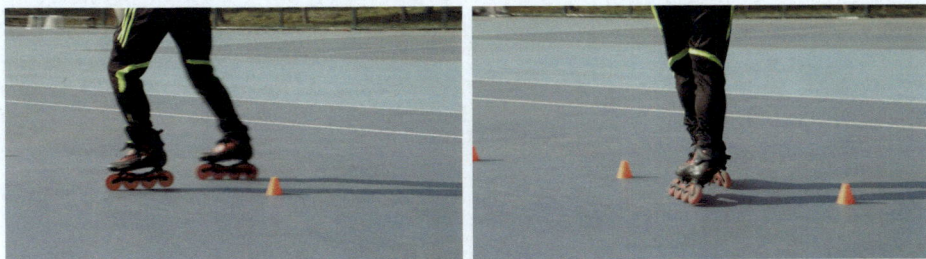

图 5.7（续）

技术总结

正蛇与倒蛇的练习主要就是帮助我们更好地体会身形对动作的影响，依靠身体的转动让动作更流畅。

5.3 X

X 作为八字类动作，是依次完成外八字横向过桩和内八字横向过桩的过程。

力量控制是完成动作的基础，准确地控制好滑动的距离和方向，对动作的完成和衔接有着重要的作用。

外八字和内八字的原地控轮

以外八字原地控轮为例讲解：以一个十字形为基础，先右脚支撑左脚左右滑行到左脚支撑右脚前后滑行（见图 5.8），再到双脚同时滑行，滑出十字形线路。

图 5.8

技术总结

　　控轮练习需要大腿肌肉持续发力。外八字控轮练习十分钟，内八字控轮练习十分钟，练习完会有轻微的肌肉酸痛，这属于正常现象。随着练习时间和练习强度的增加，专项力量逐步增强，控轮练习会变得得心应手。

X 形过桩动作

　　（1）站立在桩线上，身体侧对前进方向，外八字站立，（以右脚在前为例）髋关节左转，右脚压外刃沿脚尖方向从桩前过桩，左脚压内刃沿脚跟方向从桩后过桩（见图5.9）。

图 5.9

（2）髋关节右转，使双脚在桩线上变成内八字站立，然后髋关节继续右转，右脚压外刃沿脚跟方向从桩前过桩，左脚压内刃沿脚尖方向从桩后过桩（见图5.10）。

左脚压内刃沿脚尖方向从桩后过桩

图 5.10

（3）髋关节左转，使双脚回到桩线上，以外八字站立（见图5.11）。重复之前的动作就能够连续以 X 形过桩。

重复之前的动作就能够连续以 X 形过桩

图 5.11

技术总结

在练习当中可以根据桩距的不同，调整外八字和内八字的打开角度，桩距越大打开角度越大；反之，桩距越小，打开角度越小。

初学者在练习过程中，应该先从小桩距练起。比如先练习50厘米桩距，熟悉滑行线路和身形配合，在能够流畅完成50厘米桩距的 X 形过桩后，就可以开始练习 80 厘米桩距的了。

5.4 Crazy

Crazy 作为花式绕桩里的一个基础核心动作，是练习花式绕桩初期必须熟练掌握的动作之一。其之所以被称为核心动作，是因为它在基础动作当中很具代表性，对身形和用刃技巧的要求都比较高，而且在以后的动作学习中应用较广，是一个必须牢牢掌握的技术动作。本节将详细介绍 Crazy 的练习方法。

首先从滑行线路上来讲，Crazy 是一个沿桩线横向前进的动作，由有倾斜角度的前后交叉过桩组成。

以左侧前进为例。进桩时是一个左前方交叉过桩动作，交叉打开后以外八字形停在两桩之间桩前的位置。调整方向，背向下一个桩，左后方后交叉过桩，交叉打开后以内八字形停在两桩之间桩后的位置（见图 5.12）。

图 5.12

全程用外刃能够更好地控制双脚的滑行线路，通过身形的变化能够使动作更流畅。向前交叉时身体微前倾左转，前交叉打开时开始准备衔接后交叉过桩，重心微后移，身体微右转，后交叉打开时开始准备衔接前交叉过桩，重心由微靠后到微前移，身体由微右转向左侧转动，准备开始下一个重复的 Crazy。

技术总结

练习者在练习的时候要注意用刃的方式，要靠大关节（髋关节和膝关节）屈曲把外刃推出去，而不是一味靠脚踝往外推形成外刃，不然容易把刃压死，造成动作停滞。

练习者在练习的时候可以先练习 80 厘米桩距的 Crazy，最好保证在很长一段时间内，每天都能有 20 分钟左右的 Crazy 练习，逐步提高动作的完成度和熟练度，在熟练的基础上再提高速度。熟练完成整排 80 厘米桩距以后，再尝试 50 厘米桩距、120 厘米桩距以及单桩 Crazy，甚至可以练习不同桩距的 Crazy，因为不同的桩距需要配合不同角度的身体转动，以及不同的用刃方式和发力大小。

5.5 Nelson（正尼）和 Backward Nelson（倒尼）

Nelson 和 Backward Nelson 就是练习者平时所说的"正尼"和"倒尼"。

这两个动作属于横向类动作，学习这两个动作之前要复习一下外八字和内八字的原地控轮内容，并且能够熟练地完成 X。

Nelson（正尼）

（1）Nelson 的滑行线路是从外八字站立于桩线开始（以右脚在前为例）。

侧向站在桩线上，右腿弯曲，身体重心右移，同时右转面对前进方向，左腿屈膝抬起左脚后交叉至右脚右侧，形成交叉步姿势（见图 5.13），然后交叉打开变成向前的外八字站立，这样就从侧向的外八字站立变成了正向的外八字站立。

图 5.13

（2）以外八字形向前滑行至下一个桩两侧时，左脚抬起的同时身体向左扭转，落地时左脚在桩上，右脚在桩下，利用八字形控轮的相向作用力，回到桩线上的侧向外八字站立姿势（见图 5.14），这样就完成了两个桩的 Nelson，后面就是不断重复的过程。

利用八字形控轮的相向作用力，回到桩线上的侧向外八字站立姿势

图 5.14

技术总结

因为左脚会不断抬起、落下，所以在整个动作中，身体重心一直在右脚，而且每次落地的时候双脚应该在桩线两侧，这样才会有相向的搓轮力量，加快滑行速度。

Backward Nelson（倒尼）

（1）Backward Nelson 和 Nelson 的起步姿势是一样的，都是在桩线上的侧向外八字站立，先做一个八字形控轮向右侧前进至下一个桩，右脚在桩上，左脚在桩下，双脚呈一个错位的八字形，右脚抬起的同时身体左转背向前进方向，变成背向的外八字站立（见图 5.15）。

先做一个八字形控轮向右侧前进至下一个桩

右脚抬起的同时身体左转背向前进方向

变成背向的外八字站立

图 5.15

（2）后交叉过桩后保持交叉姿势，在交叉没有打开之前，右脚抬起落在桩下，利用八字形控轮的相向作用力，回到桩线上的侧向外八字站立姿势（见图 5.16），完成一个完整的 Backward Nelson。

在交叉没有打开之前，右脚抬起落在桩下

利用八字形控轮的相向作用力，回到桩线上的侧向外八字站立姿势

图 5.16

技术总结

由于正尼和倒尼的起步姿势都是侧向外八字站立，所以这两个动作很容易衔接，只需要在回到起步姿势时想清楚下面要做哪个动作即可。

5.6 Double Crazy 和 Stroll

> Double Crazy 和 Stroll 是 Crazy 的衍生动作，Crazy 的衍生动作有很多，所以说 Crazy 是平地花式基础动作中的核心动作。

Double Crazy

把这个动作分解得简单一些，就是左右两侧前交叉的连接。

双脚呈外八字形站在桩线一侧，以靠近桩线一侧的脚为支撑脚，另一只脚抬起插到支撑脚后面形成交叉，同时肩膀转动正对下一个桩，身体前倾，双脚完成交叉（见图 5.17）。交叉打开之后在桩线一侧斜前方呈外八字站立，这样交替就完成了 Double Crazy。

图 5.17

Stroll

　　Stroll 是指在两个桩之间完成两次 Double Crazy，也就是说，Double Crazy 是左脚在前进行一次交叉过桩，右脚在前进行一次交叉过桩，而 Stroll 是一直用一侧脚过桩，比如右脚交叉过桩就一直是右脚交叉过桩，左脚在前交叉的时候是在两桩之间完成的（见图 5.18）。

左脚交叉过桩就一直是左脚交叉过桩　　右脚交叉过桩就一直是右脚交叉过桩

图 5.18

　　虽然 Stroll 和 Double Crazy 动作类似，但前进速度和距离不同，所以脚尖外摆的幅度和用刃发力的角度不同。

技术总结

　　在练习的时候先从 Double Crazy 练起，熟练之后再练习 Stroll。因为 Stroll 的动作间隔更短，对速度控制和线路控制要求更高。Stroll 要在两个桩之间完成两次交叉，所以脚尖外摆的幅度要加大，从而避免动作发力带来的滑行速度过快地沿桩线前进。

5.7 One Foot

随着练习量的增多，练习者对力量的控制和滑行的感觉会越来越好。本节介绍单脚滑行绕桩的第一个动作——单脚 S 形绕桩，同时这也是自由式轮滑的一个正式比赛项目——速度过桩。在所有的大型自由式轮滑比赛中，都有速度过桩项目。

（1）首先练习者要具备比较稳定的单脚支撑滑行能力，也就是在有一定的初速度情况下，用一只脚滑行的距离够远。

练习者这时候把身体重心都放在支撑腿上，脚踝固定立直，肩膀正对滑行方向。当练习者能稳定滑过 20 个桩距为 80 厘米的桩时，说明练习者已经具有一定的单脚支撑滑行能力（见图 5.19）。

当练习者能稳定滑过 20 个桩距为 80 厘米的桩时，说明练习者已经具有一定的单脚支撑滑行能力

图 5.19

（2）在正式练习单脚 S 形绕桩之前，练习者可以先通过一个辅助练习熟悉滑行线路和用刃的技巧。

选择更有力的一只脚做滑足，另一只脚做浮足。前期可以用浮足前轮点地滑行，滑足微压内刃，双腿同时对向发力和反向发力，使滑足沿 S 形绕桩的线路前进。滑足脚踝固定，膝盖微微内扣，保持压内刃的角度不变，依靠大关节带动小关节摆动（见图 5.20）。

选择更有力的一只脚做滑足，另一只脚做浮足

滑足脚踝固定，膝盖微微内扣

图 5.20

（3）当练习者通过点地辅助滑行能够熟练滑过 20 个桩距为 80 厘米的桩后，可以把浮足抬起，膝盖外展，小腿自然向下，通过腰部发力带动滑足大腿发力摆动，浮足协调配合（见图 5.21）。上半身尽量稳定，不要有大幅度的晃动，双臂可以在腰部两侧摆动，也可以一臂固定、一臂摆动，但是一定要避免手臂摆动幅度过大，因为手臂摆动幅度过大容易引起身体重心不稳，导致滑行线路出现偏差、踢桩或者漏桩。

浮足抬起，膝盖外展，小腿自然向下，通过腰部发力带动滑足大腿发力摆动

图 5.21

技术总结

平时的练习主要分为起跑训练、50 厘米桩距摆动频率训练，50 个桩摆动稳定性训练，核心力量训练等。通过逐步提高训练要求，单脚过桩的速度会变得又快又稳。

5.8 动作的连接

随着掌握的动作数量增加，练习者可以开始练习一些动作的组合和连接。在已经掌握的动作当中，选择两个或者多个连接在一起形成一个简单的组合。

　　比如把横向的动作 Crazy 和直线的动作攀藤连接在一起。在 Crazy 衔接攀藤的时候，完成 Crazy 时是在桩下的内八字形，而攀藤是沿桩线向前的，在做 Crazy 时左右需要配合做转体动作，右脚缩小滑行幅度，左脚增大滑行幅度，调整前交叉的进桩角度就可以完成连接。而攀藤衔接 Crazy 的时候，右脚增大滑行幅度，左脚缩小滑行幅度，使前交叉由向前调整到向右前方，就完成了连接。

　　再如 X 和 Crazy 以及 Stroll 的连接。X 是外八字和内八字之间不断变换的过程，我们可以找到它和 Crazy 之间最接近的动作。当练习者双脚呈外八字形站于桩线上时，向右转身重心移至右脚，抬左脚变成右斜前方的交叉衔接至 Crazy。而 Crazy 与 Stroll 的衔接更简单，因为两个动作都是由一个右斜前方的交叉开始的，所以只要一个动作完成了，就可以直接切换成另一个动作。所以在前期的动作练习中，很多动作的连接都是依托于前后交叉或者相似动作进行。

　　连接的方式多种多样，大家可以根据自身动作习惯寻找动作的滑行线路规律和身形的转换配合，自如地连接不同的动作。尝试不同的动作连接，可以很好地提升动作控制能力，提高滑行流畅度。

PART

3

第三篇

花样轮滑

6

第 6 章
花样轮滑基础

6.1 花样轮滑概述

花样轮滑是轮滑项目里一个十分重要的表现形式，历史悠久、影响力大、爱好者众多。本节为大家介绍花样轮滑的历史和比赛项目等。

花样轮滑的历史

花样轮滑源自花样滑冰，为了让花样滑冰选手在无冰的情况下也能够训练，人们就用轮滑代替冰刀继续发展这项运动。花样轮滑在 18 世纪初出现于英国，后相继在加拿大、美国、德国等国家迅速发展，最终成为一项国际级别的独立赛事。

花样轮滑是一项运动与艺术结合的体育项目，除了要求运动员掌握娴熟的控轮滑行技术外，花样轮滑还对运动员的艺术表现力有非常高的要求。可以说，花样轮滑是观赏技巧型轮滑项目的始祖，轮舞里的 JB Skating 和 Jam Skating，自由式轮滑里的平地花式，都源自花样轮滑。

花样轮滑目前是亚洲运动会的正式比赛项目，比赛在不小于 50 米长、25 米宽的场地上进行。在优美音乐的伴奏下，运动员穿着轮滑鞋在木地板上滑出各种图案，表演和展示各种滑行技巧和舞蹈动作，由裁判员根据动作的技术难度、姿态的优美程度评分。

花样轮滑和花样滑冰就像双生姐妹一样，都包括男女单人滑、双人滑和冰上舞蹈。只不过一个用四轮或单排轮滑鞋，一个用溜冰鞋；一个在木地板上滑行，一个在冰面上滑行。

花样轮滑比赛介绍

花样轮滑由三个大的项目组成：单人滑、双人滑、舞蹈。每个项目包括不同的比赛小项，单人滑分男子单人滑和女子单人滑，男、女单人滑各自都包括双排轮和单排轮。

男、女单人滑双排轮比赛项目如下。

（1）规定图形。

（2）自由滑：短节目、长节目。

男、女单人滑单排轮比赛项目如下。

（1）短节目。

（2）长节目。

双人滑由男女组合，比赛项目如下。

（1）短节目。

（2）长节目。

双人舞由男女组合，比赛项目如下。

（1）规定舞。

（2）创编舞。

（3）自由舞。

单人舞分男、女组别，比赛项目如下。

（1）规定舞。

（2）创编舞。

（3）自由舞。

四人舞、小团体舞、大团体舞、队列滑，这四个项目只表演一次。

花样轮滑的比赛按 10 分制评分，国际比赛采用 9 名裁判制，合计得分高者排名靠前。每一个比赛项目的总成绩需将各小项目的成绩分别乘以不同系数并相加，得出总分，总分高者为胜。

花样轮滑单人滑的技术特点是跳跃、旋转；双人滑的技术特点是托举、抛跳和双人旋转；舞蹈的技术特点是步法、造型类托举、协同配合以及一致性。所有比赛项目的共性是优美的舞姿、高难度的步法、速度和创新性的节目编排以及与音乐的完美配合。选手们要在各项目规定时间内配合音乐完成规定及自选动作。

6.2 花样轮滑的基本术语

本节将为大家介绍花样轮滑的基本术语，便于练习者在今后的学习和练习中理解和贯彻学习的要求。

花样轮滑鞋：单排轮、双排轮

首先介绍花样轮滑鞋，根据上一节对比赛项目的介绍，练习者应该对轮滑鞋有了基本的了解，它可分为双排轮滑鞋和单排轮滑鞋。双排轮滑鞋一共有四个轮子，一边两个轮子；单排轮滑鞋有三个轮子。花样轮滑鞋的设计特点均来自溜冰鞋，溜冰鞋的冰刀前方有刀齿，而花样轮滑鞋的前方有制动器，主要用来做各种高难度动作，如起跳、点地等。

滑行方向的概念：前、后

轮滑鞋与滑行方向相一致的方向为前；轮滑鞋与滑行方向相反的方向为后（见图6.1）。

因此，前后方向结合左右脚再结合内外刃，在表述用刃时可以得出八个刃：左前内刃、左前外刃、左后内刃、左后外刃；右前内刃、右前外刃、右后内刃、右后外刃。

图 6.1

滑足与浮足：滑足、浮足

滑足是指接触地面正在滑行的脚，一般谈到滑足会涉及滑行长度及用刃方向。

浮足是指离开地面的脚（见图6.2）。

图 6.2

第 7 章

花样轮滑基础技术

7.1 双足滑行

> 本节将介绍花样轮滑的一些双足滑行动作。

站立

花样轮滑是展示性轮滑项目，站立姿态不仅需要稳定、易于衔接移动技术，还要讲究美观大方。常用的站立方式有丁字步式和双脚开立式。

（1）丁字步式：一只脚脚尖向前，另一只脚脚尖向侧，前脚脚跟与后脚脚心靠拢，形成丁字步（见图7.1）。此姿势有利于站稳，可在休息时使用。

图 7.1

（2）双脚开立式：双脚略分开，脚尖略向外，双脚距离与肩同宽，上半身前倾，后背挺直，双臂侧前伸，双腿前屈（见图7.2）。此姿势适用于练习者在准备起滑时采用。

图 7.2

技术总结

站立时的姿态保持舒展、挺拔、张力是花样轮滑的特殊要求，练习者要注意把动作优美和稳定性的要求结合好。

踏步行走

在双脚开立的基础上向前踏步行走，脚尖略向外，左右脚轮换时浮足尽量收到身体垂直中轴线处再落脚踏出，上半身略前倾，双臂侧前伸，屈膝（见图 7.3）。

图 7.3

双脚滑行

双脚滑行需结合踏步行走一起练习，在踏步行走三步左右获得一定速度后，双脚平行与肩同宽向前滑行一定距离，此时双膝前屈，双臂侧前伸，上半身略前倾（见图 7.4）。

双膝前屈，双臂侧前伸，上半身略前倾

在踏步行走三步左右获得一定速度后，双脚平行与肩同宽向前滑行一定距离

图 7.4

葫芦式滑行

在向前踏步获得一定速度后，先双脚滑行，然后脚尖略向外后立即向内转，反复几次（见图 7.5），使滑行图案像一个葫芦。

先双脚滑行，然后脚尖略向外后立即向内转，反复几次

图 7.5

蛇形式滑行

在双脚滑行的基础上，重心由一侧移动到另一侧，同时腿部发力蹬地，使滑行路线呈 S 形。比如重心在右侧时右腿发力蹬地，使滑行路线偏向左侧，同时重心也移向左侧，然后左腿发力蹬地，使滑行路线偏向右侧，与此同时身体重心向右移动（见图 7.6）。

重心由一侧移动到另一侧

腿部发力蹬地，使滑行路线呈 S 形

重心在右侧时右腿发力蹬地，使滑行路线偏向左侧

左腿发力蹬地，使滑行路线偏向右侧，与此同时身体重心向右移动

图 7.6

学习花样轮滑是一个循序渐进的过程，这些基础性动作需要练习者反复练习并熟练掌握才有助于下一阶段的学习。

7.2 单脚支撑、向后双足滑行

本节介绍花样轮滑的单脚支撑滑行动作和向后双足滑行动作。

摔倒、起立

练习者在轮滑运动中很容易失去身体平衡，因此摔倒是很常见的事，所以在学习单脚支撑滑行动作前宜先学习摔倒、起立的动作。

（1）向后摔倒：手臂前伸如坐椅子一般向下坐，让一侧臀部先着地（见图7.7）。

图 7.7

（2）向前摔倒：如果练习者佩戴了护膝和护腕护掌手套，当身体向前冲时可采用向前跪地的摔倒方式，此时膝关节弯曲向前跪地，双手前伸触地，臀部尽量向后坐（见图7.8）。

图 7.8

（3）起立：身体呈跪撑的姿势，双膝着地，双手撑地，抬起一只脚放于双手之间，再抬起另一只脚放于双手之间，然后慢慢站起（见图7.9）。

图 7.9

技术总结

摔倒注意事项：练习者在轮滑运动中很容易失去平衡而摔倒，当身体失去平衡将要摔倒的时候，要注意尽量降低身体重心，团身并收紧下颌，不要令头部着地，将手臂和腿尽量收回，不要试图撑地以免伤到自己。

单脚支撑滑行

在双脚滑行的基础上，将一只脚抬起并屈膝靠近滑足，另一只脚支撑，尽量滑出较长直线。滑足微微屈膝，后背挺直，双臂侧伸（见图7.10）。左右脚交替练习。

将一只脚抬起并屈膝靠近滑足，另一只脚支撑，尽量滑出较长直线

图 7.10

这个动作有助于练习重心转移，要想抬起一只脚使滑足滑出直线，必须将身体重心由双脚之间转移到一只脚上。

向后踏步

向后踏步与向前踏步动作相同，方向相反。同样可以由双脚开立式站立姿势开始，但脚尖相对，脚跟向外，然后向后踏步（见图7.11）。

左右脚轮换时注意将浮足收到身体垂直中轴线处，上半身略前倾，双臂侧前伸。向后滑时注意适当回头向后看，以免与其他人或物相撞。

向后踏步与向前踏步动作相同，方向相反

脚尖相对，脚跟向外，然后向后踏步

图 7.11

向后葫芦式滑行

向后葫芦式滑行与向前葫芦式滑行动作相同，方向相反。在向后踏步获得一定速度后，先双脚滑行，然后脚跟略向外后立即向内转（见图 7.12），反复几次，使滑行图案像一个葫芦，上半身略前倾，双臂侧伸。

图 7.12

向后蛇形式滑行

向后蛇形式滑行与向前蛇形式滑行动作相同，方向相反。在双脚向后滑行的基础上，重心由一侧移动到另一侧，同时腿部发力蹬地，使滑行路线呈 S 形（见图 7.13）。

图 7.13

比如重心在右侧时，右腿发力蹬地，使滑行路线偏向左侧，同时重心也移向左侧，然后左腿发力蹬地，使滑行路线偏向右侧，与此同时身体重心向右移动，上半身略前倾，双臂侧前伸（见图 7.14）。

重心在右侧时，右腿发力蹬地，使滑行路线偏向左侧

重心在左侧时，左腿发力蹬地，使滑行路线偏向右侧

图 7.14

7.3 蹬地滑行、燕式平衡

本节将介绍花样轮滑的蹬地滑行和燕式平衡技术。

向前蹬地滑行

与向前踏步不同，向前蹬地滑行更突出蹬地的用力作用（见图 7.15），练习者必须使用双脚的内刃蹬地，不能使用制动器。

与向前踏步不同，向前蹬地滑行更突出蹬地的用力作用

图 7.15

浮足在蹬地离开地面后应在侧后方伸展，然后收回靠近滑足准备滑出。滑足屈膝，应使用外刃滑行（见图 7.16），在浮足靠近滑足准备蹬地时转换为内刃。滑足每一步都应至少滑出 2 米的距离。

浮足在蹬地离开地面后应在侧后方伸展

收回靠近滑足准备滑出

滑足屈膝，应使用外刃滑行

图 7.16

向后蹬地滑行

该动作与向前蹬地滑行动作相同，方向相反。练习者必须使用双脚的内刃蹬地，不能使用制动器。浮足在蹬地离开地面后应在侧前方伸展，然后收回靠近滑足准备滑出。滑足屈膝，应使用外刃滑行，在浮足靠近滑足准备蹬地时转换为内刃（见图 7.17）。滑足每一步都应至少滑出 2 米的距离。

该动作与向前蹬地滑行动作相同，方向相反

浮足在蹬地离开地面后应在侧前方伸展

图 7.17

滑足屈膝，应使用外刃滑行，在浮足靠近滑足准备蹬地时转换为内刃

图 7.17（续）

燕式平衡

　　燕式平衡动作由芭蕾舞的阿拉贝斯动作演变而来，是花样轮滑的典型动作。优美的阿拉贝斯动作加上轮滑的快速移动，使练习者就像一只飞翔的燕子，所以被形象地称作燕式平衡。通过前文介绍，根据方向、左右脚的变换和内外刃的不同，轮滑鞋有八个刃，所以可以分出八种用刃的燕式平衡。

　　本节只介绍这八种之中的最简单的一种：以平刃向前直线滑行。滑行时滑足腿伸直，但实际上应有略微的甚至是不易被看出的弯曲，以便于掌握平衡。浮足向后上方伸展，应高于臀部，双臂侧伸，上半身上挺，抬头。左右腿交替练习，滑行距离应不短于 5 米（见图 7.18）。

　　本节虽然动作较少，但难度提高了许多。即使是平刃的燕式平衡，练习者也需要大量练习才能掌握。练习燕式平衡时容易失去重心而摔倒，练习者务必注意安全！

浮足向后上方伸展，应高于臀部

滑足腿微微弯曲

双臂侧伸，上半身上挺，抬头。左右腿交替练习，滑行距离应不短于 5 米

图 7.18

117

7.4 压步滑行

本节介绍花样轮滑的压步滑行技术。

压步滑行是花样轮滑的基础动作，它可以用于衔接动作和加速。根据前后和左右的不同，压步滑行可以分为向前左压步和向前右压步，向后左压步和向后右压步，下面分别进行介绍。

双足转弯滑行

双足转弯滑行是学习压步滑行的辅助性练习动作。

在双足平行滑行的基础上重心向一侧移动，同时这一侧的腿弯曲，上半身带动侧伸的双臂也向这一侧扭转 90 度，使滑行方向由向前转为向这一侧转弯（见图 7.19）。

图 7.19

技术总结

这个动作涉及向前的左侧转弯和右侧转弯练习，也涉及向后的左侧转弯和右侧转弯练习。

前压步滑行

以向左侧前压步为例。左脚使用外刃滑行，右脚使用内刃蹬地后收回并放到左脚的左前方使用内刃滑入，左脚使用外刃向右后方蹬出后收回并贴近滑足，当右脚再次蹬地时，左脚放下。依次交替进行，此时上半身左转，右臂在前、左臂在后眼睛看向左侧想象的圆心（见图7.20）。

图 7.20

向右侧前压步与向左侧前压步动作相同，方向相反。右脚使用外刃滑行，左脚使用内刃蹬地后收回并放到右脚的右前方使用内刃滑入，右脚使用外刃向左后方蹬出后收回并贴近滑足，当左脚再次蹬地时，右脚放下。依次交替进行，此时上半身右转，左臂在前、右臂在后，眼睛看向右侧想象的圆心（见图7.21）。

右脚使用外刃滑行，左脚使用内刃蹬地

左脚收回并放到右脚的右前方使用内刃滑入

右脚使用外刃向左后方蹬出

右脚蹬出后贴近滑足

图 7.21

后压步滑行

以向右侧后压步为例。右脚使用后外刃向后滑行，左脚使用后内刃蹬地后收回并放到右脚的右前方使用内刃滑入，右脚使用后外刃向左后方蹬出后收回并贴近滑足，当左脚再次蹬地时，右脚放下。依次交替进行，上半身右转，左臂在前、右臂在后，眼睛看向右侧想象的圆心（见图 7.22）。

右脚使用后外刃滑行

左脚使用后内刃蹬地后收回并放到右脚的右前方使用内刃滑入

右脚使用后外刃向左后方蹬出后收回并贴近滑足

图 7.22

上半身右转，左臂在前、右臂在后

图 7.22（续）

　　向左侧后压步与向右侧后压步动作相同，方向相反。左脚使用后外刃向后滑行，右脚使用后内刃蹬地后收回并放到左脚的左前方使用内刃滑入，左脚使用后外刃向右后方蹬出后收回并贴近滑足，当右脚再次蹬地时，左脚放下。依次交替进行，上半身左转，右臂在前、左臂在后，眼睛看向左侧想象的圆心（见图7.23）。

左脚使用后外刃滑行

右脚使用后内刃蹬地后收回并放到左脚的左前方使用内刃滑入

左脚使用后外刃向右后方蹬出后收回并贴近滑足

上半身右转，右臂在前、左臂在后，眼睛看向左侧想象的圆心

图 7.23

8 字形压步

　　8 字形压步是指在练习压步时滑行的路线呈连接的 8 字，这种练习的好处是可以同时练习两个方向，使练习更全面、不枯燥并且更流畅。

8字形压步练习分为向前的8字形压步练习和向后的8字形压步练习，其难点在于当滑完一个圈后转向另一个圈时滑行方向的转换，此时上半身需要向相反的方向扭转（见图7.24）。

图 7.24

图 7.24（续）

7.5 莫霍克舞步

本节介绍花样轮滑的基础步法——莫霍克舞步。

简单来说，莫霍克舞步就是正滑变倒滑和倒滑变正滑，这是花样轮滑中最基本的转体步法。根据滑行方向和用刃的不同，莫霍克舞步分为八种，下面分别进行介绍。

右前内接左后内

例如，在向左前压步时，右脚前内刃滑入，左脚放于右脚内侧变为左脚后内刃滑出，此时练习者的滑行方向就由向前变为向后，而手臂位于体侧自然伸展即可（见图 7.25）。

右脚前内刃滑入

左脚放于右脚内侧变为左脚后内刃滑出

此时练习者的滑行方向就由向前变为向后

图 7.25

左前内接右后内

例如，在向右前压步时，左脚前内刃滑入，右脚放于左脚内侧变为右脚后内刃滑出，此时练习者的滑行方向就由向前变为向后，而手臂位于体侧自然伸展即可（见图 7.26）。

左脚前内刃滑入

右脚放于左脚内侧变为右脚后内刃滑出

右脚放于左脚内侧变为右脚后内刃滑出

图 7.26

左前外接右后外

例如，在向左前压步时，左脚前外刃滑入，右脚放于左脚外侧变为右脚后外刃滑出（见图 7.27），此时练习者的滑行方向就由向前变为向后，而手臂位于体侧自然伸展即可。

左脚前外刃滑入

右脚放于左脚外侧变为右脚后外刃滑出

图 7.27

右前外接左后外

例如，在向右前压步时，右脚前外刃滑入，左脚放于右脚外侧变为左脚后外刃滑出（见图 7.28），此时练习者的滑行方向就由向前变为向后，而手臂位于体侧自然伸展即可。

右脚前外刃滑入

左脚放于右脚外侧变为左脚后外刃滑出

图 7.28

左后内接右前内

例如，在向右后压步时，左脚后内刃滑入，右脚前内刃滑出（见图 7.29），此时滑行方向则由向后变为向前，手臂在体侧自然伸展即可。

左脚后内刃滑入

右脚前内刃滑出

图 7.29

右后内接左前内

例如，在向左后压步时，右脚后内刃滑入，左脚前内刃滑出，此时滑行方向则由向后变为向前（见图7.30），手臂在体侧自然伸展即可。

图 7.30

右后外接左前外

例如，在向右后压步时，右脚后外刃滑入，左脚前外刃滑出，此时滑行方向则由向后变为向前（见图7.31），手臂在体侧自然伸展即可。

图 7.31

左后外接右前外

例如，在向左后压步时，左脚后外刃滑入，右脚前外刃滑出，此时滑行方向则由向后变为向前（见图7.32），手臂在体侧自然伸展即可。

左脚后外刃滑入　　　　　　　　右脚前外刃滑出

图 7.32

7.6 3 字转

本节介绍花样轮滑的基础步法——3 字转。

3 字转属于花样轮滑的步法，它可以改变滑行方向，是基本的滑行舞步，常用于衔接动作与动作、步法与步法。根据滑行方向及左右脚的不同，3 字转可以分为左右脚的前外刃 3 字转和前内刃 3 字转。下面分别进行介绍。

前外刃 3 字转

以左前外刃 3 字转为例。用左脚前外刃滑出一条长短等同于身高的弧线，此时左手在前、右手在侧，之后左脚迅速改变滑行方向变为左后内刃画弧线，弧线长短仍等同于身高。此时冰面上的划痕像一个 3 字，所以叫 3 字转。最后用右脚后外刃滑出（见图 7.33）。

图 7.33

　　右前外刃 3 字转与左前外刃 3 字转动作相同，方向相反。右脚用前外刃滑出一条长短等同于身高的弧线，此时右手在前、左手在侧，之后右脚迅速改变滑行方向变为右后内刃画弧线，弧线长短仍等同于身高，最后用左脚后外刃滑出（见图 7.34）。

图 7.34

前内刃 3 字转

以右前内刃 3 字转为例。右脚用前内刃滑出一条长短等同于身高的弧线，此时左手在前、右手在侧，之后右脚迅速改变滑行方向变为右后外刃画弧线，弧线长短仍等同于身高，此时冰面上的划痕像一个 3 字（见图 7.35）。

图 7.35

左前内刃 3 字转与右前内刃 3 字转动作相同，方向相反。左脚用前内刃滑出一条长短等同于身高的弧线，此时右手在前、左手在侧，之后左脚迅速改变滑行方向变为左后外刃画弧线，弧线长短仍等同于身高（见图 7.36）。

图 7.36

PART

4

第四篇

速度轮滑

第 8 章
速度轮滑基础

8.1 速度轮滑概述

比赛形式

速度轮滑是一项利用器材滑行的运动项目，同时也是需要技术和体能相结合的项目，它要求运动员既要有完美的滑跑技术，又要具备强大的体能。

比赛项目有：200米和300米个人计时赛，500米计时赛，1000米计时赛，10000米、15000米、20000米积分淘汰赛，3000米接力赛，以及马拉松赛。

场地

速度轮滑比赛场地分为以下四种。

（1）露天标准轮滑场。

（2）半封闭式轮滑场。

（3）室内标准轮滑场。

（4）公路跑道。

器材

速度轮滑运动员使用的器材主要是速度轮滑鞋和头盔（见图8.1）。

图 8.1

速度轮滑训练

速度轮滑训练主要由陆地训练和轮上训练两部分组成。

第一部分是专项技术的陆地模仿训练和体能训练。

第二部分是穿上轮滑鞋后的滑行训练。

运动员需要通过陆地模仿来改进滑行技术，再逐渐过渡到轮上滑行训练，所以陆地训练在速度轮滑项目中是必不可少的。

8.2 速度轮滑基础训练

速度轮滑训练需要有一定的轮滑基础。另外，技术动作的学习和形成要遵循循序渐进的训练原则，从陆地模仿开始，逐渐向轮上滑行过渡，最后应用在实际滑行过程中。

静蹲姿势

这个动作是学习速度轮滑时非常基础的一个动作，练习者在了解其基本姿势后就可以开始练习，练习时间可以从一分钟开始，然后逐渐增加练习时间。

双脚平行站立，分开约一拳宽，脚尖向前，屈膝自然下蹲，大腿与小腿角度约为 90 度；注意膝关节与脚尖朝向同一个方向，不要内扣；上半身自然放松，肩略高于臀，重心放在双腿之间，抬头目视前方大约 10 米位置即可；左手握右手手腕背于身后（见图 8.2）。

图 8.2

常见错误：双脚内八或外八，膝关节内扣或外翻，臀部高于肩部。

侧蹬收腿

呈静蹲姿势准备好，左腿支撑体重，右腿向右侧蹬出，然后回收（见图 8.3）。支撑腿和浮腿交替练习（支撑体重的腿叫支撑腿，侧蹬出去或者后引的腿叫浮腿）。

图 8.3

动作要点：

（1）支撑腿要形成"三点一线"，也就是鼻子、膝盖、脚尖在一条线上（见图 8.4）。

图 8.4

（2）浮腿蹬出后，双脚脚尖在同一水平线上（见图 8.5），即浮腿要水平横向蹬出，不要向侧后方蹬。

图 8.5

（3）无论是侧蹬还是收腿，身体重心都不要移动，上半身和支撑腿一定要保持姿势不变（见图 8.6）。

图 8.6

常见错误：没有形成"三点一线"，向侧后方蹬，重心移动。

单脚支撑

呈静蹲姿势准备好，上半身动作不变，右腿支撑，左腿向后引腿。浮腿的膝盖、脚尖放松，自然下垂（见图 8.7）。每次支撑的时间还是由短到长，浮腿收回时，其他部位不动，慢收到开始姿势。

图 8.7

动作要点：重心向后靠，把力量放在臀部；浮腿放松。

常见错误：浮腿紧张，后引幅度过大或过小；浮腿踝关节紧张。

行进间下蹲走

单脚支撑动作准备好，支撑腿膝关节向前、向下跪推，浮腿收回、前提，脚跟至脚掌依次着地。浮腿向前迈的距离大概是小腿的长度，保持重心平稳，平行向前蹲走（见图 8.8）。

图 8.8

图 8.8（续）

第 9 章
速度轮滑基础技术

速度轮滑是一项周期性运动，直线滑行和弯道滑行动作都是反复进行的，因此所有的陆地模仿和滑行训练也应反复进行。

9.1 速度轮滑直线技术（陆地）

侧蹬后引收腿

呈静蹲姿势准备好，左腿向左侧蹬出，接下来将侧蹬出的浮腿弯曲，脚由侧向后，此时需注意后引腿膝盖和脚尖要朝向地面，完成后收腿至胸下原位。

动作要点：

（1）支撑腿三点一线，浮腿完全放松（见图9.1）。

图 9.1

（2）浮腿后引，膝盖和脚尖朝向地面（见图9.2）。

图 9.2

常见错误：侧蹬时重心放在双腿之间，浮腿紧张、勾小腿，脚踝内 / 外勾。

轮滑小知识

　　练习时要在每一步停留三秒，即侧蹬 1、2、3，后引 1、2、3，回到原位 1、2、3。注意节奏的掌握可以提升稳定性和支撑能力。

单支撑蹬起

　　以静蹲姿势准备好，然后做单脚支撑动作（见图 9.3），该动作可以分为 3 步。

图 9.3

　　（1）将后引的浮腿收至双脚平行，此时不要落脚，身体重心不能移动（见图 9.4）。

图 9.4

（2）在上半身姿势不变的情况下，支撑腿向上蹬直，注意浮腿与上半身的相对位置不变，蹬起的时候不要抬肩、提腿（见图9.5）。

图 9.5

（3）重心下落，浮腿随即后引（见图9.6）。

图 9.6

常见错误：蹬起时上身抬起，重心产生前后位移。

轮滑小知识

反复练习此动作可以提升单腿的稳定性和达到控制体重的目的。

移动重心

以静蹲姿势为基础，一条腿向侧面蹬出。由支撑腿蹬地将重心由支撑腿转移到非支撑腿。左右两侧交替移动重心，在移动过程中注意臀部和上半身保持平行移动，在重心移动完成后，应保持三点一线。

动作要点：

（1）支撑腿完全支撑体重，浮腿髋膝放松（见图9.7）。

图 9.7

（2）重心平移，不可上下起伏（见图9.8）。

图 9.8

（3）重心完全移动到支撑腿，浮腿放松（见图9.9）。

图 9.9

常见错误：重心移动不彻底，上下起伏。

轮滑小知识

移动重心的练习在速度轮滑中能够提高平衡性、稳定性，同时使练习者体会左右交替承接体重的感觉。

滑行

在陆地训练中，滑行是与轮滑直线技术最为接近的动作，是速度轮滑陆地训练的必备动作之一。

以单脚支撑动作开始，身体重心向一侧移动，与此同时，浮腿向前收靠，当浮腿贴近支撑腿的时候不要落地，支撑腿向侧面蹬直（见图 9.10），注意蹬地时要全脚掌内侧踩地向侧面蹬，平行移动重心直至完成蹬地，浮腿的脚着地。新的支撑腿在承接体重后，浮腿继续后引开始流畅地做下一个蹬地动作，双腿交替进行。

图 9.10

动作要点：浮腿在向侧面移动的过程中不要侧跨。

常见错误：浮腿侧跨，肩的方向改变导致上半身先侧移。

9.2 速度轮滑直线技术（轮上）

速度轮滑是一项周期性运动，在直线滑行中，左右脚交替做支撑、移动重心、蹬收、承接体重的动作，为了提高速度，会进行单、双摆臂以配合腿部动作。可以说，直线滑跑技术动作是速度轮滑运动员为了获得适宜的速度而采用的全身动作协调配合的周期性技术动作。而直线滑行技术又分为两种，一种是传统的直线滑跑技术，另一种是美国著名的运动员查德·海德里克创造的直线双蹬技术。本书主要讲解传统的直线滑跑技术。

练习速度轮滑的初期以基本功为主，在穿上轮滑鞋后将陆地模仿训练中的侧蹬、移动重心、滑行等动作过渡到轮上滑行循序渐进，慢慢形成连贯的直线滑行动作。

单推双滑（移动重心）

平刃站立，准备好后蹬地加速，由静蹲姿势开始，支撑腿主动发力向侧面蹬直，随即屈膝，脚尖向内收回，恢复静蹲姿势（见图 9.11）。以此类推，左右腿交替进行。

图 9.11

图 9.11（续）

为保证动作的平衡性和完整性，应进行摆臂予以配合。摆臂原则是双手握空拳，肘关节弯曲，手摆到鼻尖前，后侧手臂贴近身体摆直（见图 9.12）。摆臂要与腿部动作协调配合，左腿侧蹬时左臂向前摆，右侧同理。

图 9.12

动作要点：注意摆臂动作与腿部动作相协调；蹬地时感受支撑腿支撑体重的感觉，体会重心的移动。

分并腿

准备好后蹬地加速，蹬滑 10 米左右，从静蹲姿势开始，臀部主动发力，双脚脚尖同时向外侧滑行，大腿分开，注意分开的时候膝关节与脚尖朝向相同，不要内扣（见图9.13）。收回时双脚脚尖同时向内侧滑行收到原位，做这个动作能体会臀部发力的感觉，同时加强内收肌的力量。

图 9.13

　　动作要点：膝关节不要内扣，双腿同时向侧面发力，双脚分到最大限度时加速蹬地。

　　常见错误：膝关节内扣，双腿发力不均匀。

行进间侧蹬后引收腿

呈静蹲姿势准备好，然后支撑腿向侧面蹬出，随后浮腿弯曲，脚由侧向后引腿，支撑稳定后收腿至胸下，恢复到静蹲姿势（见图9.14）。

脚由侧向后引腿

支撑稳定后收腿至胸下

图 9.14

动作要点：支撑脚脚踝立直，不要向内或向外倒脚踝；单腿支撑时要稳；摆臂动作与腿部动作协调配合。

滑行动作需要反复强化练习，训练手段可以在此基础上有所变化。训练方法主要以重复训练为主，目的是通过不断地重复练习，提高动作的质量，找到准确的蹬地时机。在场地条件有限的情况下，可以找一条相对长一点的直线区域进行往返滑行分解动作训练。

9.3 速度轮滑弯道技术之陆训

弯道滑行技术相对于直线滑行技术来说难度要大一些，主要难点在于在弯道滑行时始终都要向左侧倾倒，随着速度加快，所产生的离心力也就越大，那么倾倒角度也要随之变化。运动员的滑跑速度越快，弯道离心力就越大，因此，运动员在高速滑行中要想克服离心力就必须要加大倾倒角度和蹬地力量，这样才能保证在弯道弧顶至出弯道处不被甩出去。了解了弯道滑行的特点之后，我们来进行一些基础的动作练习，弯道动作的陆训有两种，一种是徒手做模仿练习，另一种是利用牵引布带或皮筋来做行进间的模仿练习。

弯道向左交叉压步

练习者在弯道滑行时是左脚用外刃滑行，右脚用内刃滑行，无论是进行滑行练习还是陆地模仿训练都要记住这一点。

从静蹲姿势开始，先将身体重心移到左腿上，左腿向外侧倾倒，右膝向着左肩方向抬离地面，双脚交叉落地承接体重，落脚的方向要保持正向前。然后左腿膝关节带动左脚抬离地面，右腿向左侧倾倒侧蹬，左脚落地（见图9.15）。按上述步骤连续向左交叉压步走，形成陆地弯道交叉步的动作模仿。

将身体重心移到左腿上，左腿向外侧倾倒

图 9.15

图 9.15（续）

弯道单腿蹲起

　　找一处有支撑物可扶的地方，从静蹲姿势开始，左手扶住支撑物，将身体重心向左移动，右腿向右侧蹬，臀部首先发力向上蹬起，同时大腿带动小腿收至胸下，上半身动作不变，然后落回原位（见图 9.16）。

图 9.16

图 9.16（续）

　　右腿动作同样也是从单脚支撑开始，身体向左倾倒，左腿后引，臀部首先发力向上蹬起，同时大腿带动小腿收至胸下，上半身动作不变，然后落回原位（见图 9.17）。

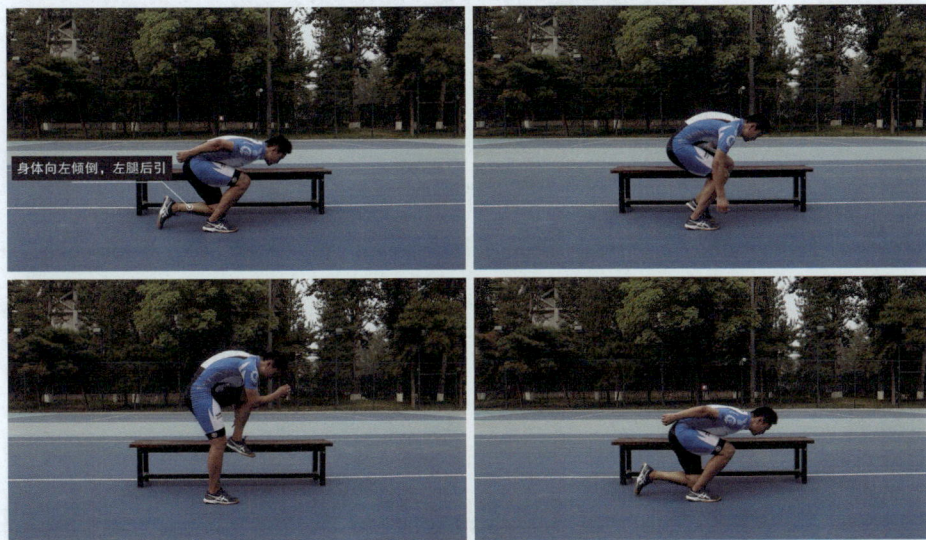

图 9.17

弯道布带牵引

为了模拟滑行的实际情况，可以利用布带或皮筋做弯道牵引练习。进行弯道牵引练习时要注意牵引布带的使用方法：需两人一组，先将布带放于髋关节位置，右臂伸直牵住布带，左手背于身后（见图 9.18）。

图 9.18

呈下蹲姿势准备好后，首先右腿向右侧蹬直，左腿保持倾倒角度，右肩略下压，随即左腿主动发力向左倾倒蹬直，右腿髋关节内收，大腿带动小腿向左交叉，保持倾倒姿势（见图 9.19）。注意做所有弯道动作时，髋关节始终要向左靠。随后收左腿，重复上述动作。

图 9.19

右腿向右侧蹬直

左腿保持倾倒角度

右腿髋关节内收，大腿带动小腿向左交叉，保持倾倒姿势

左腿主动发力向左倾倒蹬直

做所有弯道动作时，髋关节始终要向左靠

图 9.19（续）

做弯道动作陆地模仿练习的时候须注意三点一线，无论倾倒角度多大，三个点的相对位置始终不变，膝和臀向左靠。

9.4 速度轮滑弯道技术之滑行

弯道滑行是在滑行中改变运动方向、提高滑行速度的一种方法，在陆地训练的基础上，还需要穿轮滑鞋进行分解训练，以掌握行进间滑行的动作要领。

右腿侧蹬练习

从静蹲姿势开始，右腿发力向右侧蹬出，左腿保持向左倾倒支撑。右腿蹬地结束后，右脚不离开地面，脚尖向左腿方向收回靠拢。在靠拢的瞬间，身体重心由左腿转移到右腿，如此反复，双脚均不离开地面，沿着圆周连续做右腿侧蹬动作（见图 9.20）。

摆臂方法：滑弯道时可以将左手背于身后，只摆动右臂。

图 9.20

右腿连续侧蹬三次，左腿向右蹬地

在右腿侧蹬练习的基础上，右腿连续蹬三次后，收腿向左脚前轮方向交叉，落在左腿左侧，同时左腿向右侧蹬，完成蹬地动作。此时双腿呈交叉压步姿势（见图9.21），然后收回左腿保持倾倒回到初始姿势。

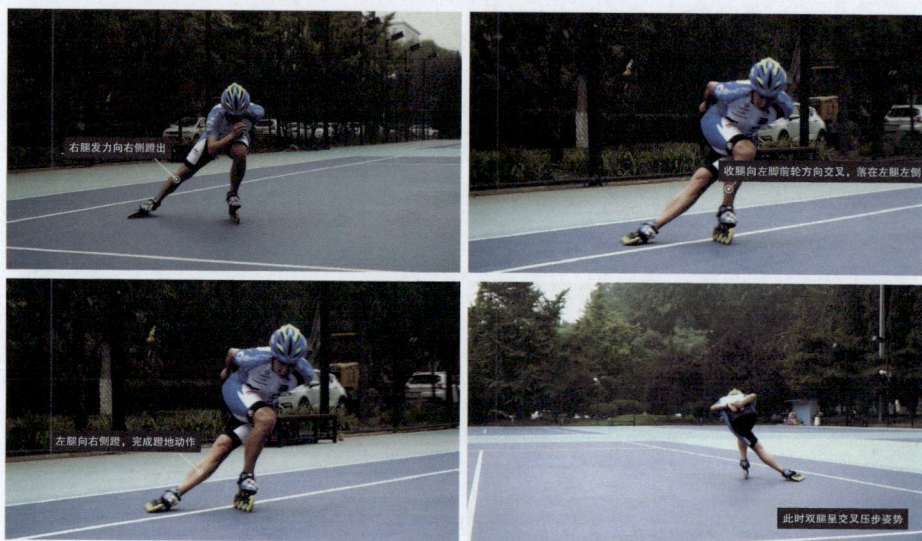

图 9.21

弯道交叉压步

　　由静蹲姿势开始，沿着圆周向左侧做交叉压步动作。首先，右腿向右侧蹬地后大腿带动小腿抬离地面，同时左腿向左侧倾斜蹬地。在右腿收靠、左腿蹬地的过程中，自然形成右腿在前、左腿在后的交叉压步动作。然后左腿膝关节弯曲，恢复右腿蹬地、左腿后引的动作（见图 9.22）。循环完成以上动作时，左腿始终是外刃滑行，右腿始终是内刃滑行。要注意控制双脚踝关节，避免出现倒踝和假外刃的现象。

图 9.22

　　弯道滑行动作由于要破坏原有平衡，所以相对于直线滑行动作，其比较不容易掌握，练习者练习时一定要抓住动作要领，切不可操之过急，以免做出错误的技术动作。以上两个动作都是围绕圆心反复练习的，当基本掌握了动作要领可以熟练滑行后，可以选择标准的轮滑场地，将直线滑行动作和弯道滑行动作结合起来，进行完整的速度轮滑练习。

9.5 速度轮滑起跑技术

　　在比赛中，速度轮滑的起跑方式有传统式起跑、侧跨式起跑、短距离个人计时赛起跑。而当前比赛用得较多的是正面的传统式起跑和侧身的侧跨式起跑。运动员会根据比赛项目和个人的技术特点以及个人习惯选择适合的起跑方式。本书主要介绍传统式起跑和侧跨式起跑。

传统式起跑

　　当发令员发出"各就位"口令后，运动员迅速从预备起跑线滑至起跑线，此时运动员应将前脚靠近起跑线，前脚向内转，与起跑线的夹角约为 45 度，双脚基本平行，双脚间距约为一肩宽，随后站立不动（见图 9.23）。

前脚向内转，与起跑线的夹角约为45度

双脚基本平行，双脚间距约为一肩宽

图 9.23

　　当发令员发出"预备"的口令后，运动员下蹲，将重心放在中间偏前的位置，左臂在前，右臂在后，保持不动。此时运动员应集中注意力，在枪响的一瞬间做出起跑反应。

起跑技术中的第一步是非常关键的一步，直接关系到起跑的速度。首先起跑时为获得向后蹬地牢固的支点，要将双脚分开，双脚呈外八字，而且第一步不要跨步太大，否则容易导致重心跟不上，影响后续动作的节奏和速度，然后利用蹬地的反作用力屈髋提膝，快速向前抬腿（见图 9.24）。

图 9.24

滑跑是运动员出发后的快速跑动和滑行的连接阶段。第一阶段是向后蹬地疾跑阶段，跑 6 ~ 8 步。第二阶段逐渐过渡到侧后蹬地，为滑跑阶段。直至顺利地进入第三阶段——侧蹬滑行阶段，完成起跑加速。随着每个阶段滑跑特点的不同，上半身和摆臂的动作也都略有差异。在向后蹬地阶段，上半身稍稍前倾，屈肘摆臂，控制摆臂的幅度；在侧后蹬地阶段将肩压低，加大摆臂幅度，呈微屈肘摆动；最后侧蹬地接近正常滑行姿势。

侧跨式起跑

与传统式起跑不同，侧跨式起跑的准备姿势为双脚与起跑线平行，双脚间距与肩同宽。当"预备"口令下达后，做出下蹲姿势，将右腿平行外移，左脚呈外刃，右脚呈内刃，此时的重心应该在左腿上并且保持向左倾倒。准备好后，集中注意力，枪响第一时间将右腿向左交叉，接连做出起跑动作（见图 9.25）。此起跑动作的要点在于第一步交叉与正常起跑的衔接。

图 9.25

　　练习起跑前，可以做一些基础练习。选择双脚外八字的站立姿势，Z 字形抬腿向前走，每一步都要保证后脚脚尖与前脚脚跟连接上，反复练习有助于在起跑动作中较好地将双腿打开，踩实地面，形成稳定的支点（见图 9.26）。

图 9.26